人力资源开发与管理研究

王广文　任英辉　王　力◎著

吉林文史出版社

图书在版编目(CIP)数据

人力资源开发与管理研究 / 王广文，任英辉，王力著. -- 长春 : 吉林文史出版社，2023.7
ISBN 978-7-5472-9580-9

Ⅰ. ①人… Ⅱ. ①王… ②任… ③王… Ⅲ. ①人力资源开发－研究②人力资源管理－研究 Ⅳ. ①F241
②F243

中国国家版本馆CIP数据核字(2023)第140838号

RENLI ZIYUAN KAIFA YU GUANLI YANJIU

书　　名 人力资源开发与管理研究
著　　者 王广文　任英辉　王　力
责任编辑 陈　昊　张　蕊
出版发行 吉林文史出版社有限责任公司
地　　址 长春市福祉大路5788号
印　　刷 北京四海锦诚印刷技术有限公司
开　　本 787mm×1092mm 1/16
印　　张 11.75
字　　数 277千字
版次印次 2023年7月第1版　　2023年7月第1次印刷
定　　价 52.00 元
书　　号 ISBN 978-7-5472-9580-9

前　言

随着社会经济的不断发展，我国逐步进入新经济时代。在此时代背景下，人力资源管理作为促进企业发展的重要力量组成部分，在经过一代又一代人的不断探索之下，取得了很大的进步。企业的竞争就是人才的竞争，人力资源管理更是受到了广大企业管理者的重视，人力资源的开发和管理作为人力资源管理工作中的重要环节，也是我们应该在日常生活工作中重点关注的内容。

本书以“人力资源开发与管理研究”为选题，探讨相关内容。全书共分为六章：第一章是绪论，内容包括人力资源开发与管理的背景、对人力资源的基本认识、人力资源管理的理论阐释、人力资源规划与供需平衡；第二章是工作分析与设计评价，内容涵盖工作分析的基础知识、工作分析的程序和方法、工作设计与工作环境优化、工作评价的标准与方法；第三章分析员工的进入与开发，内容涉及员工招聘与甄选、员工培训与开发、员工职业生涯管理；第四章论述员工的管理与激励，内容包括员工绩效管理、薪酬与福利管理、劳动关系与社会保障、员工激励及体系设计；第五章进行战略性人力资源管理研究，内容涉及战略性人力资源管理概述、战略性人力资源管理的理论依据、战略性人力资源管理与组织文化构建、战略性人力资源管理机制创新；第六章探索人力资源管理的创新发展，内容涵盖人力资源管理信息化建设、大数据技术与人力资源管理、人工智能提升人力资源管理。

本书体系完整，层次清晰，借助通俗易懂的语言、系统明了的结构，全面地介绍了人力资源开发与管理的理论、工作分析、战略性管理与创新发展。紧跟时代发展，满足社会发展的需求，进一步推动人力资源开发与管理的可持续发展。本书可供广大人力资源开发与管理从业人员、高校师生与知识爱好者阅读使用，有一定的参考价值。

笔者在撰写本书的过程中，得到了许多专家学者的帮助和指导，在此表示诚挚的谢意。由于笔者水平有限，加之时间仓促，书中所涉及的内容难免有疏漏之处，希望各位读者多提宝贵意见，以便笔者进一步修改，使之更加完善。

目　录

第一章 人力资源发展与管理的综述

人力资源是现代经济发展的首要资源，人力资源的潜能能否发挥和能在多大程度上发挥，则有赖于开发利用和管理的水平。基于此，本章对人力资源开发与管理的背景、对人力资源的基本认识、人力资源管理的理论阐释、人力资源规划与供需平衡进行论述。

第一节　人力资源开发与管理的背景

经济、科技是推动工作、生产的重要推力，其中，生产工具是生产力发展水平的客观标志。“随着知识经济与信息技术的快速发展，人力资源①开发在组织成长中的战略意义越来越突出。”② 如在工业经济时代，基本的生产要素是资本和能源，与此相适应的是，工业经济时代的生产工具以机器和机器体系为核心，由机械化逐渐向半自动化过渡，并已出现某种自动化的生产线、自动化工厂，并且有了庞大的基础设施。能源利用装置，包括各种形式的动力机器、动力传送设施，起着越来越重要的作用。

机器自动化程度的提高，对操作技能要求更少，但要求人具备更多的知识。随着信息技术突飞猛进的发展和普及，劳动者通过电脑控制机器工作。电脑是人脑的延伸。控制机、电脑、按钮可以取代人力实现对整个生产过程的控制，甚至出现了无人车间、无人工厂。

科技发展改变了人们的工作方式，自动化和高速运转的流水线生产使组织的工作效率大大提高，组织的经济效益也因此得到提高。人事部门的一个主要责任，就是要使每一个

① 人力资源是指人所具有的对价值创造起贡献作用，并且能够被组织所利用的体力和脑力的总和。

② 章凯，时金京. 人力资源开发的人格途径：理论基础与管理启示［J］. 中国人力资源开发，2019，36（01）：152.

员工的工作内容丰富化。工作内容丰富化的理论基础是“用进废退”原理，这包括两层含义：一方面，人的才能只有在使用过程中才能不断得到提高；另一方面，人的才能如果闲置不用就会逐渐退化。

根据“用进废退”原理，使工作内容丰富化的五条衡量标准是：①员工感觉所从事的工作有意义、很重要；②员工感觉领导对他是重视的；③员工在其岗位能施展多种才华、多种本领；④员工所做的工作有反馈；⑤员工能够看到工作成果的整体。人力资源管理人员可以用以上五条标准进行判断，以确定员工是否有这种感觉。如何消除单调工作带来的工作压力，使员工在工作岗位上不断增长才能，成为人力资源部门需要面对的新问题。

第二节　对人力资源的基本认识

一、人力资源、人力资本与人口资源

（一）人力资本与人口资源

1. 人力资本

（1）人力资本的体现。人力资源是指人所具有的对价值创造起贡献作用，并且能够被组织所利用的体力和脑力的总和。人力资本是劳动者身上所具备的两种能力：①通过先天遗传获得的，是由个人与生俱来的基因所决定的；②后天获得的，由个人努力经过学习而形成，而读写能力是任何民族人口的人力资本质量的关键成分。人力资本这种体现在具有劳动能力的人身上的、以劳动者的数量和质量所表示的资本，是需要通过投资才能够获得的。

（2）人力资本的投资形式。人力资本的投资主要有三种形式：教育和培训、迁移、医疗保健。与其他类型的投资一样，人力资本的投资也包含着这样一种含义：在当前时期付出一定的成本并希望在将来能够带来收益。因此，人们在进行人力资本的投资决策时主要考虑收益和成本两个因素，只有当收益大于等于成本时，人们才愿意进行人力资本的投资；否则，人们将不会进行人力资本的投资。

2. 人口资源

人口资源是指一个国家或地区所拥有的人口的总量，它是一个最基本的底数，一切人

力资源、人才资源皆产生于这个最基本的资源中，它主要表现为人口的数量。

人才资源是指一个国家或地区中具有较多科学知识、较强劳动技能，在价值创造过程中起关键或重要作用的那部分人。人才资源是人力资源的一部分，即优质的人力资源。

人口资源和人才资源的本质是人，而人力资源的本质是智力和体力，从本质上来讲它们之间并没有什么可比性。就人口资源和人才资源来说，它们关注的重点也不同，人口资源更多的是一种数量概念，而人才资源更多的是一种质量概念。

在数量上，人口资源是最大的，它是人力资源形成的数量基础，人口资源中具备一定智力资本和体能的那部分才是人力资源；而人才资源又是人力资源的一部分，是人力资源中质量较高的那部分，是具有特殊智力资本和体能的人力资源，它也是数量最少的。

（二）人力资源和人力资本

人力资源和人力资本都是以人为基础而产生的概念，研究的对象都是人所具有的智力和体力，从这点看两者是一致的。

人力资本是由投资形成的，强调以某种代价获得的能力或技能的价值，投资的代价可在提高生产力过程中以更大的收益收回。因此，劳动者将自己拥有的智力和体力投入生产过程中参与价值创造，就要据此来获取相应的劳动报酬和经济利益，它与社会价值的关系应当说是一种由因索果的关系。

人力资源作为一种资源，劳动者拥有的智力和体力对价值的创造起了重要的作用。人力资源强调人力作为生产要素在生产过程中的生产、创造能力，它在生产过程中可以创造产品、创造财富，促进经济发展。它与社会价值的关系应当说是一种由果溯因的关系。

人力资本是通过投资形成的存在于人体中的资本形式，是形成人的智力和体力的物质资本在人身上的价值凝结，是从成本收益的角度来研究人在经济增长中的作用，它强调投资付出的代价及其收回，考虑投资成本带来多少价值，研究的是价值增值的速度和幅度，关注的重点是收益问题，即投资能否带来收益以及带来多少收益的问题。人力资源则不同，它将人作为财富的来源来看待，是从投入产出的角度来研究人对经济发展的作用，关注的重点是产出问题，即人力资源对经济发展的贡献有多大，对经济发展的推动力有多强。

资源是存量概念，而资本是兼有存量和流量的一个概念，人力资源和人力资本也同样如此。人力资本，如果从生产活动的角度看，往往是与流量核算相联系的，表现为经验的不断积累、技能的不断增进、产出量的不断变化和体能的不断损耗；如果从投资活动的角度看，又与存量核算相联系，表现为投入教育培训、迁移和健康等方面的资本在人身上的凝结。

二、人力资源的性质与目标

（一）人力资源的性质

1. 社会性与时效性

人力资源是以人为载体，表现为人的智力和体力，与人的生命周期是紧密相连的。人具有社会属性，工作年限也有时效性，因此，人力资源具有社会性与时效性。唯有前瞻性、有计划与适时地运用人力资源，才能发挥人力资源的作用。

2. 可开发性与能动性

人力资源具有可开发性，教育和培训就是其主要手段，也是人力资源的重要职能。人力资源开发具有投入少、产出大的特点。人力资源是效益最高的投资领域。人力资源由于它的再生性，具有无限开发的潜能与价值。人力资源的使用过程也是开发过程，可以连续不断地开发与发展。

人力资源是劳动者所具有的能力，而人总是有目的、有计划地使用自己的智力和体力，这也是人和其他动物的本质区别。在价值创造过程中，人力资源总是处于主动的地位，是劳动过程中最积极、最活跃的因素。

3. 可变性

人力资源在使用过程中发挥作用的程度可能会有所变动，从而具有一定的可变性。人力资源是人所具有的智力和体力，它必须以人为载体，因此，人力资源的使用就表现为人的劳动过程，而人在劳动过程中又会因为自身心理状态不同影响到劳动的效果。

人力资源作用的发挥具有一定的可变性，在相同的外部条件下，人力资源创造的价值大小可能会不同；人力资源的可变性还表现在人力资源生成的可控性。人力资源的生成不是自然而然的过程，需要人们有组织、有计划地培养与开发。

（二）人力资源的作用

1. 经济发展的主要力量

人力资源不仅决定着财富的形成，而且是推动经济发展的主要力量。随着科学技术的不断发展，知识技能的不断提高，人力资源对价值创造的贡献力度越来越大，社会经济发展对人力资源的依赖程度也越来越高。

人力资源随着时间的推移，可以使劳动者自我丰富、自我更新和自我发展。同时，通过劳动者的品性、能力、操作技能和工艺水平的提高，可增进对物质资本的利用率与产值量，人力资源和人力资本的不断发展和积累直接推动物质资本的不断更新和发展。

人力资源对经济发展的巨大推动作用，目前，世界各国都非常重视本国的人力资源开发和建设，力图通过不断提高人力资源的质量来实现经济和社会的快速发展。注重人力资源能力的开发和培育，注重人力资源能力建设及其充分正确发挥，已成为把握机遇、应对新挑战，借以实现科技进步，实现经济和社会发展的关键。

2. 企业的首要资源

企业是指集中各种资源，构成社会经济系统的细胞单元，是社会经济活动中最基本的经济单位之一，是价值创造最主要的组织形式。企业的出现，是生产力发展的结果，而它反过来又极大提高了生产力水平。

企业要想正常运转，就必须投入各种资源，而在企业投入的各种资源中，人力资源是第一位的，是首要的资源；人力资源的存在和有效利用能够充分地激活其他物化资源，从而实现企业的目标。新世纪是知识经济时代，是全球经济一体化的时代，是高新技术的时代，是竞争的时代。人力资源是知识经济时代的第一资源，人力资源还是企业生存和发展的必备资源。猎取稀缺的第一资源——人力资源，是各级各类组织发展的当务之急。

无论是对社会还是对企业而言，人力资源都发挥着极其重要的作用。因此，企业必须对人力资源引起足够的重视，创造各种有利的条件以保证其作用的充分发挥，从而实现财富的不断增加、经济的不断发展和企业的不断壮大。

3. 财富形成的关键要素

人力资源是能够推动和促进各种资源实现配置的特殊资源，是最重要和最宝贵的资源。它在财富的形成过程中发挥着关键性的作用。社会财富由对人类的物质生活和文化生活具有使用价值的产品构成，因此，自然资源还不能直接形成财富，还必须有一个转化的过程，而人力资源在这个转化过程中起到了重要的作用。人们将自己的智力和体力通过各种方式转移到自然资源上，改变了自然资源的状态，使自然资源转变为各种形式的社会财富，在这一过程中，人力资源的价值也得以转移和体现。

人力资源是财富形成的关键要素，人力资源的使用量也决定了财富的形成量，一般来讲，在其他要素可以同比例获得并投入的情况下，人力资源的使用量越大，创造的财富就越多。

第三节　人力资源管理的理论阐释

一、人力资源管理的特征

人力资源管理注重人的心理和行为特征，重视“人”的作用，将“人”的全面发展放在核心位置，强调人、事、职的最佳匹配，以获得最大化的管理效益。随着互联网文化的冲击，人力资源管理又呈现出新的特征，要求以人为本，机制灵活化，管理柔性化，机构扁平化。

（一）以人为本

“人”是企业的经济命脉，是企业的核心竞争力与可持续发展的唯一支柱。因此，人力资源管理，不仅因岗择人，而且因人设岗，充分调动员工工作积极性，使员工更努力地为企业创造价值。现代企业人力资源管理“以人为本”“着眼于人”，充分利用个体在知识层面与性格层面的差异来满足企业对员工的不同要求。同时，企业的人力资源得到了充分合理利用，使企业各项资源得到了优化配置，为企业取得了更大的经济效益与社会效益。

“以人为本”要求企业将人放在企业发展的核心位置，将关怀、尊重、依靠等充满暖意的词语与员工相联系。人本主义的人力资源管理是一种管理理论与管理实践相结合的创新管理概念，这种创新实际上也是依靠传递的力量来促进企业发展的模式。现代企业人力资源管理充分考虑“人”的核心价值，采用理性与感性的方式进行人力资源优化配置。人力资源理性管理不仅是企业内部发展规律的要求，也是社会优胜劣汰生存法则的必然规律。充分发挥每个个体在集体中的特长，为集体创造更大的价值，反过来，集体为个体成长与成才提供更广阔的平台，全力地支持个体的发展，是企业人力资源管理将理性与感性相结合发挥作用的最显著成果。

（二）灵活化与扁平化机制

1. 灵活化机制

在市场经济条件下，结合企业发展目标与人员自身情况，进行人力资源的动态管理，不断地进行人力资源心理调节与开发，选择适合企业发展的员工。在选择与培养企业员工的过程中，通过对员工进行职业生涯规划，不断培训，不断地进行岗位调整与重组，做到“物尽其用，人尽其才”。在企业与员工互相适应与磨合的过程中，企业培养出最适合企业发展的员工，淘汰不适合的员工。

人力资源管理灵活的用人机制不仅体现在选拔人才与培养人才上，还体现在薪酬制度上。现代企业拥有灵活多变的薪资标准与奖惩制度，根据员工的工作业绩、能力大小、职位高低等制定弹性的薪酬标准，鼓励勇于付出、敢于创新、表现优异的人才。在薪酬发放形式上也体现了灵活多变的特点，除了物质性的奖金与福利外，还会有精神上的肯定与鼓励，荣誉证书、光荣称号就是最好的精神性奖励。另外，除了物质上与精神上的薪酬标准外，企业还会通过晋升手段，对有业绩、有能力的员工给予肯定，赋予他们更多的管理权力与职责范畴，以此来激励他们为企业创造更大的价值。

现代企业人力资源管理的灵活用人机制还体现在企业与雇员之间的自主选择权。现如今，在市场经济条件下，人们的观念发生了很大的转变，趋向寻求合适的企业平台去实现自身价值。企业选择适合人才，人才认同企业文化，在团结奋进的氛围中，企业与雇员之间的双向选择使人力资源得到了优化配置，促进了企业发展，促进了人才进步，更促进了社会可持续前进。

2. 机构扁平化

在现代企业组织结构中，“扁平化管理”是相对于传统金字塔“垂直管理”结构的一种管理模式。扁平化组织是指当企业规模扩大时，改变之前的增加管理层级的做法，改为增加管理幅度。当管理层级减少而管理幅度增加时，金字塔状的组织形式就被“压”成扁平状的组织形式。其目的是为解决企业层级结构的组织形式在现代环境下面临的难题，其特征在于管理层级少而管理幅度大。一般来说，“金字塔”代表着集权控制，扁平化的组织结构代表着灵活协作。

实行扁平化管理的企业，管理层级少，但管理幅度大。它可能没有中层管理者，而是由某一个高层管理人员直接管控更多的部门。扁平组织结构的“管理幅度”变大意味着每一层级的管理动作大幅缩减。所以越扁平的企业“管理越少”，越能够释放员工的创造力。“扁平化”管理模式的优势在于，信息纵向流动快，管理成本低，能对市场做出快速反应，相对少的管理层级，让基层拥有充分的自主权。正因如此，在信息高速流通的互联网时代，这种分权管理模式被越来越多追求创新的企业所运用。

实行扁平化需要明确两点：①去中心化并非没有中心，而是中心已经分布到各个单元当中；②每个单元都能够实现自身的功能，又牢牢与组织目标绑定，形成组织张力。实现的前提是决策透明，不管是自上而下还是自下而上，都要清楚每项决策的前因后果，明白这些因素与企业的关系。任务组应任务建立，任务结束快速解散，相比扁平化管理更加体现效率。

（三）用人与留人

用人是人力资源开发与管理的一个主要目标，方法包括：①量才录用。大材小用和小材大用对企业均不利，前者造成浪费，后者造成损失。②工作丰富化。充分考虑到员工的身心要求，重新设计工作，使工作尽可能丰富化。③多劳多得，优质优价。

留人是保证企业有较强的竞争力，人才留不住是本企业的巨大损失。留人的方法：①薪资报酬。员工工作的第一目标是获得薪资收入。在同行业中，薪资较低的企业人才流向薪资较高的企业是一种趋势，这种趋势在短时期内不会改变。②心理环境。要想留住人才，企业需要重视建设或重建员工心理环境。

（四）柔性化管理

“柔性管理”是“以人为中心”，对员工进行人格化管理。“柔性管理”的特点是依靠人性解放、权利平等、民主管理，从内心深处来激发每个员工的内在潜力、主动性和创造精神，使他们能真正做到心情舒畅、不遗余力地为企业开拓优良业绩，成为企业在全球激烈的市场竞争中取得竞争优势的力量源泉。

“柔性管理”在企业管理中的作用表现在三个方面：

第一，激发人的创造性。在工业社会，主要财富来源于资产，而知识经济时代的主要财富来源于知识。知识根据其存在形式，可分为显性知识和隐性知识，前者主要是指以专利、科学发明和特殊技术等形式存在的知识，后者则指员工的创造性知识、思想的体现。显性知识人所共知，而隐性知识只存在于员工的头脑中，难以掌握和控制。要让员工自觉、自愿地将自己的知识、思想奉献给企业，实现“知识共享”，单靠“刚性管理”不行，只能通过“柔性管理”。

第二，适应瞬息万变的外部环境。知识经济时代是信息爆炸的时代，打破部门分工的界限，实行职能的重新组合，让每位员工或每个团队获得独立处理问题的能力、独立履行职责的权利，而不必层层请示。因此，仅仅靠规章制度难以有效地管理该类组织，而只有通过“柔性管理”，才能提供“人尽其才”的机制和环境，才能迅速准确做出决策，才能在激烈的竞争中立于不败之地。

第三，满足柔性生产的需要。在知识经济时代，人们的消费观念、消费习惯等也在不断变化，满足“个性消费者”的需要，这是当代社会生产经营的必然趋势。知识型企业生产组织上的这种巨大变化必然要反映到管理模式上来，导致管理模式的转化，使“柔性管理”成为必然。

二、人力资源管理的目标

人力资源管理的具体目标包括：保证价值源泉中人力资源的数量和质量，为价值创造营建良好的人力资源环境，保证员工价值评价的准确有效，实现员工价值分配的公平合理。

人力资源管理的具体目标与企业价值链的运作是密切相关的，价值链表明了价值在企业内部从产生到分配的全过程，是贯穿企业全部活动的一条主线，价值链中任何一个环节出现了问题，都将影响到整体价值的形成，人力资源管理的具体目标就是要从人力资源的角度出发为价值链中每个环节的有效实现提供有力的支持。

在整个价值链中，价值源泉是源头和基础，只有具备了相应的资源，价值创造才有可能进行。人力资源是价值创造不可或缺的资源，因此，为了保证价值创造的正常进行，企业必须拥有满足一定数量和质量要求的人力资源，否则企业的价值创造就无法实现，这就是人力资源管理的第一个具体目标——保证价值源泉中人力资源的数量和质量，这一目标需要借助人力资源规划和招聘录用等职能活动来实现。

三、人力资源管理的功能

人力资源管理的功能是指其本身所应有并充分发挥作用的实际体现，这种作用是通过人力资源管理职能来实现的。人力资源管理功能具有一定的独立性，是人力资源管理自身所具有的属性。企业人力资源管理应当具备四个功能：①选拔功能。这项功能是指人力资源管理最基础性的功能就是为企业选择合适的人员，使合适人才加入企业是人力资源管理的功能之一。②培养功能。这项功能是指企业选拔合适员工之后，要对员工进行培训与培养，通过培训与培养使员工更好地适应工作，在工作岗位上更好地服务于企业。③激励功能。这项功能是人力资源管理的核心功能，是其他功能得以实现的最终目的，是员工取得优良业绩为企业带来效益的本质体现。④维持功能。这项功能保证了企业人员的稳定，减少优秀人才流失给企业带来的损失。

在人力资源管理的四个功能中，选拔是基础，是人力资源管理工作的第一环节；培养是动态的持续过程，是员工与岗位契合的最重要手段；激励是目标，是企业效益通过人力资源得以实现的最可靠保证；维持是保障，保障优秀的人力资源为企业战略发展保驾护航。

四、人力资源管理的环境

人力资源管理的环境，主要是指能够对人力资源管理活动产生影响的各种因素。对人力资源管理环境的辨认，即对环境的分析和评价主要是考虑两个方面的要素：①环境的复杂性，也就是说要辨认对人力资源管理活动产生影响的因素的数量是多还是少，以及这些因素在不同时期的相似程度是高还是低；②环境的稳定性，也就是说要辨认对人力资源管理活动产生影响的因素的变化是大还是小。

人力资源管理的存在和发展也受到了诸多因素的影响，因此，对于人力资源管理的研究应当将这种环境因素纳入进来，对环境条件的明确，有助于实现人力资源管理活动与环境的和谐统一。

人力资源管理是构成企业系统的一个子系统，因此，它同样会受到企业外部因素的影响。将人力资源管理的环境划分为不同的类别，例如，按照环境的稳定与否，可以划分为静态环境和动态环境；按照环境与人力资源管理的关系，可以划分为直接环境和间接环境，有时也将直接环境称作具体环境，将间接环境称作一般环境；按照环境的内容，可以划分为物理环境和非物理环境。

此外，作为一个子系统，它还要与企业其他的子系统发生关系，受到企业内部因素的影响。因此，从系统的角度出发，可以将人力资源管理的环境划分为内部环境和外部环境两种。这种划分是以企业系统为边界的，企业系统外部的因素构成了人力资源管理的外部环境，企业系统内部的因素则构成了人力资源管理的内部环境。人力资源管理的外部环境和内部环境分别包括很多具体的内容。就外部环境而言，一国的政治体制、经济体制、法律制度、经济发展状况、社会价值观念、技术发展水平等因素都会对人力资源管理活动产生影响；就内部环境而言，企业的发展战略、组织架构、人员状况，以及企业的发展阶段、企业的文化等都是影响人力资源管理的重要因素。

（一）内部环境

内部环境的各种因素都处于企业的范围之内，因此，企业能够直接地控制和影响它们。人力资源管理的内部环境也包括很多具体的内容，凡是在企业内部同时又能够对企业的人力资源管理活动产生影响的因素都在这个范围之内。由于人力资源是任何企业维持正常活动必不可少的要素之一，人力资源管理也贯穿于企业生产经营的方方面面，因此，从这个意义上来讲，构成企业的所有因素都是人力资源管理的内部环境，而其中最重要的有：企业发展战略、企业生命周期、企业组织结构与企业文化等。

1. 企业生命周期

生命周期是指人从出生一直到死亡所经过的由相互衔接的几个不同阶段所组成的整个过程，企业同人一样，尽管不同企业的寿命可能并不完全一样，但是它们的发展却都要经历大致相同的几个阶段，这些阶段就共同形成了企业的生命周期。

分析企业生命周期对人力资源管理的影响，可以从以下两个方面进行：

（1）以静态的观点来看，在生命周期的各个阶段中，由于内外部环境的不同，企业是具有不同特点的，包括它的发展目标、组织结构、管理方式等，因此，随着企业在生命周期中所处阶段的不同，作为企业管理子系统的人力资源管理也是不同的。

（2）以动态的观点来看，生命周期是一个发展演进的过程，只有当企业能够顺利地从一个阶段过渡到下一个阶段，它才能够持续生存发展下去，而这种阶段的转化是需要企业内部各方面支持的，其中自然也包括人力资源管理。因此，随着企业的发展，人力资源管理也必须进行相应的调整，正因为如此，企业生命周期能够对人力资源管理产生影响。

随着企业的不断发展壮大，员工的数量会越来越多。为了适应这种转变，企业需要从内部选拔或从外部招聘相应的人员，人力资源管理招聘录用的职能这时就显得非常重要。分权的基础是企业各项制度的规范和完备，否则就会导致企业运行的混乱。为了解决自主危机，就人力资源管理而言，需要进行详细的工作分析，清楚地界定各个部门和岗位的工作职责和职权；需要建立完善的绩效管理体系，对基层进行有效的监督，以保证基层行为的规范性。

克服自主危机进入规范化阶段以后，企业建立起了完备的规章制度，高层更多的是思考战略性和全局性的问题，日常的管理都由中层和基层管理者来完成。同时，企业发展的重点也更多地转向维持稳定的运行和提高企业的效益。与此相适应，企业的人力资源管理活动更加规范，要依照既定的制度和程序来进行；为了提高管理的效果，培训与开发需要加强对中层和基层管理者管理知识和技能的培训以及对普通员工规章制度的培训；绩效管理要加强对员工行为的考核，以保证规章制度的贯彻；薪酬管理要调整薪酬的结构，适当增加长期性的报酬，以稳定员工队伍，同时，薪酬总额要与企业利润挂钩。

虽然完备的规章制度保证了企业管理的规范，分权管理有助于调动基层的积极性，但是随着企业的发展，规章制度会越来越多，基层的关系也会越来越复杂，企业需要人力资源管理加强企业文化建设，培育共同的价值观念，减少规章制度的数量；还需要人力资源管理进行工作的重新设计，改变传统的分工模式，建立以流程为核心的工作程序，打破部门的界限，实施团队的工作方式。

当企业解决了文牍主义危机进入合作阶段以后，人力资源管理与前几个阶段相比也有所不同。为了配合企业文化的建设，培训与开发要强化对企业价值观念的灌输；为了有效地实施团队工作，薪酬管理和绩效管理要从以个人为基础转变为以团队为基础，实行团队薪酬和团队绩效。

随着企业的继续发展，它逐步成熟完善起来，由于人的惰性和制度的惯性，企业会不可避免地进入一个衰退时期，这时企业就面临一个再生需求的危机，要想继续发展，就必须进行新的变革，掀开新一轮的发展周期。这种情况下，企业需要从外部招聘新的管理人员，给企业注入新鲜血液，带来新的活力；培训与开发需要给员工灌输危机意识，为变革营造良好的环境；绩效管理也要加大对绩效优秀者奖赏和对绩效不良者惩罚的力度，配合变革的推行。

2. 企业发展战略

企业发展战略就是指企业为了收益而制订的与组织使命和目标一致的最高管理层的计划，作为企业经营发展的最高纲领，企业发展战略对企业各方面的工作都具有重要的指导意义。人力资源管理是企业管理系统的一个子系统，它必须服从和服务于整个企业发展的需要，越来越多的实践证明，只有将人力资源管理与企业的发展紧密结合在一起，人力资源管理才具有强大的生命力；而企业的发展，目前越来越多的是在战略的指引下进行的，因此，企业的人力资源管理活动必然会受到企业发展战略的影响。

（二）管理的外部环境

人力资源管理的外部环境就是指在企业系统之外能够对人力资源管理活动产生影响的各种因素，因为这些影响因素都处于企业的范围之外，所以企业并不能直接控制和影响它们，大多数情况下只能根据外部环境的状况以及变化来采取相应的措施。当然从长期来看，企业通过各种手段和途径还是可能会对其中的某些因素产生间接影响。

人力资源管理的外部环境包括很多具体的内容，凡是在企业外部同时又能够对企业的人力资源管理活动产生影响的因素都在这个范围之内，因此，对于不同的企业而言，其具体的外部环境是不同的，但是在一般意义上，对外部环境的分析基本包括：

1. 经济因素

影响企业人力资源管理的经济因素主要包括经济体制、经济发展状况，以及劳动力市场状况等，作为经济活动实体，企业本身就是一个经济组织，经济因素对企业的影响会更加直接。

（1）经济体制的影响。经济体制是指一个国家经济运行的具体方式，它集中体现为资源的配置方式，经济体制主要有两种形式：①计划经济体制；②市场经济体制。两种体制下资源配置的方式是完全不同的。

在各种资源的配置中，人力资源是其中很重要的一种，因此，经济体制的不同，会造成人力资源管理的方式也不同。在计划经济体制下，资源的配置是通过政府有计划的直接调配来实现的，企业基本上没有决定权和控制权，完全按照政府的指令行事；人力资源同样如此，人力资源管理的很多决策都是由政府做出的，包括人员进出、薪酬水平等，企业更多的是在执行政府的政策，与此相适应，企业人力资源管理方式也相对比较简单，只需要按照统一的规定进行事务性的操作即可；市场经济体制则不同，这种体制下市场成为资源配置的主体，价格杠杆发挥着重要的调节作用，企业拥有相对独立的自主权，政府只是在宏观上进行调控，并不直接干预企业的决策；相应地，人力资源管理的方式也发生了变化，政府不再统一制定各种具体的制度和规定，不再对人力资源进行统一的配置，企业要根据内外部的各种因素来自行做出决策，职能性和战略性的工作成为人力资源管理的主体。

（2）经济发展状况和劳动力市场状况的影响。如果经济体制是企业人力资源管理的外生变量，经济发展状况和劳动力市场状况就是内生的，人力资源管理很多职能活动的实施往往都需要引入这些变量。

企业的前景是和整个经济的发展状况紧密联系在一起的，两者具有很强的正相关关系，经济形势繁荣，企业的前景也会看好，经济形势低迷，企业的发展也会受到影响。因此，在进行人力资源的需求预测时，必须考虑到这一变量的影响，否则预测的结果就会出现较大的偏差。

人力资源供给的预测，要考虑内外两个渠道，外部劳动力市场状况直接决定着外部的供给，劳动力市场状况紧张时，外部供给就会减少，反之外部供给就会增多，而外部供给的情况又会影响到供需平衡的决策，在需求一定的情况下，如果外部供给不能满足需求，就必须调整人力资源管理的相关政策，通过工作的重新设计、工作时间的调整、员工培训等手段从质的方面来增加内部的供给。

外部劳动力市场的状况也是影响企业各个职位具体薪酬水平的重要因素，当相关职位的劳动力供给小于需求时，这些职位的薪酬水平就会增加；相反，当供给大于需求时，薪酬水平相应地就会降低。

在进行招聘录用、辞退解雇等其他人力资源管理的职能活动时，也需要考虑经济发展以及劳动力市场的状况。例如，在经济快速增长的时期，劳动力市场会比较紧张，招聘录用新员工的难度相应会有所增加，这时如果企业解雇辞退员工的话，空缺职位就不容易填补，这就会影响到企业的正常运转，因此，在这种情况下，企业进行辞退解雇时就应当比较谨慎。

2．文化因素

文化因素是相对于自然而言的，指人们在社会实践过程中所创造的各种事物的总和，既包括物质的也包括精神的。对于整个社会而言，文化具有重要的社会整合和社会导向作用，它内在地影响着人们的思维方式和行为方式，而且这种影响具有相对的持久性，在短时期内不会发生改变。同时，对于不同的国家来说，由于其历史传统、地域环境、经济发展水平等都存在着一定的差异，因此，不同国家的文化也存在一定的区别，这使得在不同国家，文化的社会整合和社会导向作用在内容上也各不相同。

3．法律因素

在现代社会中，对人们行为的约束主要是通过法律形式来实现的。法律实质就是对个人或者组织的行为规范及其相互关系所做的一种规定，它通常是由国家的立法机关通过法定的程序制定，以国家政权的力量作为后盾来强制实行的，法律一经颁布实施，任何个人和组织都必须遵守。从我国目前的情况来看，能起到强制性行为约束作用的，除了立法机关颁布的法律外，国务院及其各部门所制定的具有法律效力的法规、规定、条例等也在这个范围之内。

企业作为社会组织的一种重要存在形式，它在日常的经营活动中也必须遵守国家有关的法律法规。因此，法律对企业人力资源管理活动的影响就主要体现在它的约束和规范作用上，但需要强调的是，法律的这种规范和约束只是一种下限，也就是说企业在进行人力资源管理时绝对不能低于这些标准，但在标准之上，法律是不能进行干涉的。

五、人力资源管理的发展机遇

人是改变的推动者，人成了社会发展的主力军。实现对核心人力资源的管理，人力资源管理必须贯彻以下理念：①对核心人员的管理是企业的战略性管理。企业的可持续发展最终取决于企业的核心员工，因而对核心员工管理就是企业的战略性管理。②坚持公平、公正的原则。这里所说的公平、公正主要是指企业规则、规章制度适用的公平、公正，员工之间人格的公平、公正。对核心员工的管理是在上述公平、公正原则基础上的，否则一旦失去这个基础，企业内部就会出现不公平感，内耗增大，企业的管理不可能有效率。

在这样一个时代大背景下，企业发展方向也已经从只关注于生产变为既关注生产也关注管理，经济全球化、信息网络化、社会知识化及组织形态变化给人力资源管理带来机遇和挑战。

（一）人力资源管理的机遇

1. 教育对人力资源供求的影响

近年来，居民用于教育消费的支出呈较快增长趋势，为大力发展教育事业提供需求动力。用于娱乐文化教育的支出在居民总消费支出中居前列。增加居民收入和推进教育体制改革的政策，将有效地刺激居民的教育需求。教育对人力资源的供给和需求都有着重大影响，促进人力资源的供求均衡。

2. 教育提高人力资源供给质量

人力资源质量分为：身体素质、文化素质、能力素质和思想素质，而教育对这些方面的影响是显而易见的。事实上，在影响人力资源供给质量的因素中，教育是赋予人力资源以一定质量的最直接、最重要的手段。先天因素和养育条件决定劳动者的身体素质，也在很大程度上受由教育获得的保健知识、方法的影响。提高一个人文化素质的最高效的途径正是接受正规学校教育。教育可以培养其敬业、守职的精神，促使其劳动行为规范。教育更是提高人力资源供给的有效性、降低生产领域低效率的重要手段。

3. 教育刺激人力资源需求增加

教育发展会推动科学技术进步，提高人们的整体素质。科技进步对人力资源需求的影响有：①科技进步会促进资本有机构成的完善和劳动生产率的提高，在其他条件不变的情况下会导致对人力资源总需求的减少；②科技进步伴随着劳动生产率的提高与生产力的发展，而生产力发展是扩大人力资源总需求的根本途径。

随着科学技术的进步，新兴的行业、部门出现，扩大人力资源总需求。尤其是生产力的发展将引起社会分工协作的发展，第三产业必将得到较快发展，因而，即使物质资料生产部门因新技术的采用而不增加甚至减少对人力资源的需求，整个社会对人力资源的总需求还会增加。在长期内，科技进步必然会增加社会的人力资源总需求。

教育通过提高劳动者的边际生产率而刺激企业对劳动力的需求。人力资源的需求主体是厂商，厂商的行为目标是追求利润最大化，因而，厂商对人力资源的需求也是经过劳动力成本和收益的比较决定的，也即由人力资源的边际生产力决定。边际生产力等于生产要素增量所引起的产量的增量与每个产量的收益的乘积。

（二）经济全球化与人力资源管理发展

全球化是指企业将销售、所有权以及（或者）制造活动向国外的新市场扩张这样一种趋势。企业进行海外扩张的原因有很多，扩大销售额就是其中之一。企业希望寻找能够销售的国外新型产品和服务，同时降低劳动力成本。

全球化意味着竞争加剧，技术创新，企业提供更多的高技术职位、更多的服务型职位于知识型工作。全球化的程度越高就意味着竞争越激烈，而竞争越激烈就意味着企业需要承受越多的压力——进一步降低成本，使员工更富有生产率，发现更好的、成本更低的工作方法。

在此现实背景下，企业必须具有全球性思维，对市场反应更迅速，人力资本的导向，关注质量，精简规模，精益化，围绕得到授权的团队对工作进行组织，在财务上更加谨慎，决策方式更加科学。企业需要通过对各业务单元所构成的跨国网络中的资源流动、共同体意识和范围经济的管理，来培育自身的全球性协作能力和团队精神。

在经济全球化的背景下，市场竞争日益激烈，企业期望自身的人力资源职能可以做到：更多地关注全球性问题；注重文化建设，在伦理道德上进行管理；重视员工的知识运用能力和知识转化能力；创建高绩效工作系统；采取措施帮助企业更好地管理；基于可信的证据构建人力资源管理实践、找到行为的合法依据；具备完成像战略管理和财务预算等工作所需要的专业技能。

（三）人力资源管理的打造趋势

1. 非现场管理的比重大

网络技术的发展，现代的无线联络、电子邮件、网络会议等的使用正成为人们日常工作联系的主要方式。同时，城市的扩大和交通的发达，使企业工作场所正由统一集中向点式分布扩大，员工居住地也越来越分散，居家办公进一步普及，在家工作正成为现代劳动就业的重要发展趋势。

随着知识密集型产业的快速发展，知识型员工的人数逐渐超过从事传统制造业和服务业的人数，目标导向、绩效导向、工作以项目为核心的发展趋势日益明显。现代人力资源管理已经开始将影响组织绩效、员工工作绩效的一切因素考虑在内，大大拓展了人力资源管理的范围。

2. 人力资源趋向法治化

随着市场化的发展，全国范围内的人才流动不断加剧，增加企业的管理成本，影响企业的生产效率。人才竞争越来越激烈，与此相伴，人员流动也更加频繁，劳动力市场呈季节性动荡、人才市场处于一种非严格规范的状态之中。实行《劳动合同法》是一个转折点。这些法律法规的实施，将加速人力资源管理法治化进程，逐步实现从动荡、无序流动到稳定、内敛的转变。法治化将改变管理的主观随意性，提升管理的科学化水平，加速中国管理包括人力资源管理与国际接轨的进程，使其逐步达到与国际通行的普遍规则相一致的程度。

3. 人力资源成本快速提高

随着企业之间的竞争特别是人才竞争的日趋激烈，一方面，需要引入人才的企业会提供更好的条件来吸引优秀人才；另一方面，企业要想方设法留住优秀员工，其留人的主要条件便是薪酬福利。这两方面的原因都会促使企业投入更高的成本来进行薪酬福利项目的设计与执行。除了法定福利项目外，企业在企业自主福利项目的建立上也会越来越投入。这样相互攀比将使企业薪酬福利的投入越来越多，用工成本越来越高。

4. 人力资源外包逐渐成为潮流

人力资源外包应运而生。其实质是降低成本、提高效率，从而有效地适应外部环境，使企业人力资源和机构运行更精干、灵活、高效，实现企业可持续性竞争优势和战略目标。

外包就是将组织的人力资源活动委托给组织外部的专业机构承担，基础性管理工作向社会化的企业管理服务网络转移，如档案管理、社会保障、职称评定等庞杂的事务性工作、知识含量不太高的工作等，逐渐从企业内部人力资源部门转移出去，而工作分析、组织设计、招聘培训、绩效考核等具有专业性的职能则交给外部管理咨询企业。因此，为了更好地开展工作，机构和组织可以将人力资源部门中的培训职能进行分化，将人才的培训工作向社会化的专业培训机构转移，这类的培训机构一般由大批某方面专业素养水平较高的专家和实际工作者组成，将人力资源的培训分化到这类培训机构不仅可以降低组织和机构的管理成本，也可以从根本上提高员工的专业技能，促进组织和机构的良性发展。在发达国家和跨国企业，人力资源外包已经成为潮流。中国企业也必将顺应趋势，从自给自足过渡到更加注重分工合作。

5. 网络化管理加速发展

未来的人力资源管理将有更多的新技术应用到管理中来。新技术和新的商业模式会催生新的组织管理方式。移动互联和社交媒体等技术的广泛应用为组织管理的各个场景提供了新的沟通媒介，员工可以用更灵活的方式参与更加个性化的培训。

网络化是实现有效管理和战略管理的重要手段，数据系统可以解决显性知识的收集和共享问题。全球经济一体化加剧企业之间的竞争，企业对人力资源管理的观念产生了重大的变化，逐渐意识到为了获取独特的竞争优势，人力资源管理必须从事务性的角色转变到战略合作伙伴角色。数据处理技术在人力资源管理领域的应用及时地满足了企业的这些需求。知识经济的发展、人力资源管理信息化成为企业关注的焦点，企业通过导入人力资源管理软件系统，建立一个综合性的、功能丰富的人力资源平台，实现了企业人力资源的优化和管理的现代化。目前，加快大数据建设成为中国企业的焦点，诸如人事信息管理、薪酬福利管理、岗位管理、员工培训管理、全面绩效管理等已经纳入企业的完整人力资源管理系统之中。

6. 形成人力资源循环经济圈

当今是强调国际化和战略管理的时代。在全球化进程中，区域一体化趋势正在加强。我们国家在全球化背景下人力资源管理的整体趋势是在加速融合。今后的努力方向就是为了更好地发挥中国人力资源优势，进一步解放和发展生产力，统筹机关企事业单位人员管理，整合人才市场与劳动力市场，建立统一规范的人力资源市场，促进人力资源合理流动和有效配置，统筹就业和社会保障政策，建立健全从就业到养老的服务和保障体系，从而真正形成全国性人力资源管理与开发体系，促进人力资源竞争力的全区域整合。建立统一、规范的人力资源市场将打破现有的各种壁垒和障碍，包括区域和行业壁垒。区域合作将导致循环经济圈的形成，包括人力资源循环经济圈将加速形成。其实，国内许多区域已经出现了这种合作，并且有逐渐加大、增强之势。

7. 加强职业化和专业化

人力资源价值的显现和地位的提升，使人力资源管理成为一个热门行当，对人力资源管理者本身也提出了越来越高的要求。现代人力资源管理的内容已经突破了传统的封闭体系，正在不断创新。不仅人们的观念需要转变，而且人力资源管理者需要具备许多素质特征和技术手段。人力资源管理是一门最具实践性的学问，但是现实在走极端：搞管理的很多不懂理论，懂理论的基本不搞管理，理论与实践相结合的空间巨大。未来的人力资源管理更侧重两方面的内容：①看重询证能力；②关注人文洞察。

优秀人力资源管理者的主要职责可用四种角色来表示：①人事管理专家，要求熟悉机构或企业的人事管理程序，了解政府有关法规政策；②业务伙伴角色，要求熟悉组织业务，参与制订业务计划，处理问题，保证业务计划得到有效执行；③领导者角色，要求发挥影响力，协调平衡组织、部门要求与员工需求之间的关系；④变革推动者角色，要求协助组织及其管理者，在人力资源及理念方案上为组织变革提供有力的支持。

（四）发展趋势对管理者的要求

人力资源管理战略就是从战略的角度研究人力资源管理的各个系统，人力资源战略实际上是与传统的人力资源管理相区别的一种管理方法。

1. 角色定位

如今，人力资源管理从业人员正越来越多地参与企业战略的制定。企业高层管理者也不再满足于人力资源部门提供的传统的、被动的项目，而要求主动解决与人有关的业务问题，为企业增加价值。基于人力资源管理与企业战略的紧密伙伴关系，人力资源管理可以在企业内部催化出一种接受变革、积极行动的风气。战略合作伙伴或战略与业务合作伙伴、变革的推动者和员工利益维护者是新增的三块职能，都有很重要的含义。

（1）战略合作伙伴。战略合作伙伴是企业战略决策的参与者，其提供基于战略的人力资源规划及系统解决方案，将人力资源纳入企业的战略与经营管理活动当中，使人力资源与企业战略相结合。人力资源管理者必须能够充分地理解企业的战略，并且基于这种战略构建人力资源管理体系，以此支持战略，实现人力资源管理体系与战略的匹配，最终使企业获得高业绩。

制定战略是企业管理团队的责任，要想成为管理层的合格战略伙伴，人力资源管理者应该引导大家讨论企业需要采取什么样的组织形式来执行战略。一种可行的四步骤方案是：人力资源部应负责规划企业的组织架构，人力资源部必须承担组织审查的职责，为组织架构亟须变革之处提供解决方法，人力资源部必须评估自己手头的工作并分清任务的轻重缓急。

（2）变革的推动者。人力资源管理者要把很大的精力放在使人力资源管理体系与企业的经营环境的变化保持一致上，这个新的职能就是变革的推动者。人力资源部帮助组织形成应对变革和利用变革的能力，确保企业的愿景宣言能够转化为具体行动。作为变革推动者，人力资源部的经理和员工无须实施变革，但是要提高员工对组织变革的适应能力，妥善处理组织变革过程中的各种人力资源问题，推动组织变革进程，确保变革在企业上下得到执行。

人力资源经理的新职责要求人力资源从业人员彻底改变自己的思维方式和行为方式，参与变革与创新，组织变革并购与重组、组织裁员、业务流程再造等过程中的人力资源管理实践。同时，这还对高管人员对人力资源部的期望及与人力资源部打交道的方式提出新的要求，如他们应当向人力资源部提出更高要求，把人力资源部当作一项业务来投资，并克服对人力资源人员的成见——认为他们只是些没什么本事、只会损害企业价值的辅助性人员。

（3）员工利益维护者。员工的利益要有人来维护，确保员工对企业的积极投入，是人力资源部不可推卸的责任。人力资源管理者必须负责培训和指导直线管理人员，提供各种资源以帮助员工达到企业对他们的要求。不管是被动地适应工会，还是主动地创造和谐的关系，人力资源管理者的一个新的职能作用就是与员工沟通，及时了解员工的需求，为员工及时提供支持，保护员工的利益，成为员工利益的代言人，最终创造一个和谐的环境，提高员工满意度，增强员工忠诚感，通过让员工满意达到高绩效的结果。

其中，战略伙伴角色集中于把人力资源的战略和行为与经营战略结合起来。在这一角色中，人力资源从业人员以战略伙伴的面目出现，通过提高组织实施战略的能力来帮助经营战略取得成功。职能专家角色要求人力资源从业人员设计和提供有效的人力资源管理流程来管理人事培训、奖励、晋升以及其他涉及组织内部人员流动的事项。员工的支持者角色意味着人力资源从业人员需要帮助维持员工和企业之间的心理契约，把精力投入员工日常关心的问题和需求上，积极地倾听、积极地反馈，并向员工提供为满足他们不断变化的要求所需的资源，创造一个学习的氛围和环境，让企业员工置身于其中，使其被激发出一种自然的学习动力和工作成就感。变革的推动者要求企业人力资源从业人员在本着尊重和欣赏企业的传统和历史的态度的同时，具备为未来竞争的观念和行动。

与人力资源管理的四大新角色一一对应，企业人力资源从业人员为担当这四个角色应掌握四种技能：①掌握业务。要求人力资源从业人员成为企业核心经营、管理层的一部分，了解并参与基本的业务活动，具备强烈的战略业务导向能力。②掌握人力资源。要求人力资源管理能够确保基本的管理和实践相互协调，并担当起行政职能。③个人信誉。要求人力资源从业人员具备良好的人际影响能力、问题解决能力和创新能力。④掌握变革。要求人力资源从业人员懂得如何领导企业变革与重组。

2. 人力资源管理者的任职要求

（1）人力资源经理的职业化。职业化是指普通的非专业性职业逐渐符合专业标准，成为专业性职业并获得专业地位的动态过程。某一行业职业化的构成因素包括：系统的知识体系，专业的判断标准，专业的道德和信条，获得社会的认可。随着社会的发展，越来越多的职业进入专业领域，职业化成为衡量行业成熟度的主要标志。

（2）人力资源管理者的任职资格。人力资源管理者的职业化和市场化要求人力资源管理从业人员必须具备以下基本的素质和能力：

第一，接受教育要求。在中国，打算从事人力资源管理职业的大学本科生要求全面学习下列课程：政治经济学、民商法学、初级会计、公共经济学、统计学原理、经济法等。对从事人力资源管理职业的人员来说，除了学习专业基础课之外，还需要学习人力资源专业技术所需的课程，如管理学原理、组织行为学、战略管理、人力资源管理、市场营销管理、财务管理、生产运作管理、国际企业管理、管理信息系统、绩效管理与评估、薪酬制度设计、企业文化与伦理、沟通技巧等。

第二，专业化的培训和不断学习的能力。为了满足人力资源管理从业人员不断发展的教育需要，人力资源专业机构提供的研讨会和证书项目为人力资源管理从业人员创造了许多有价值的机会，以了解该领域的最新发展。

第三，具有创造性和影响力。作为企业的人力资源管理者，没有新的思路、新的创造力是其致命的弱点。人力资源管理者必须知道政策的精髓所在，敢于打破现状，不断为企业高层管理者提供战略性的意见。人力资源管理者必须具备良好的判断和倾听技能，要有很强的语言表达能力和文字表达能力，还要具备信息沟通的技巧。

第四，组织协调能力强。人力资源管理从业人员必须具备很强的协调能力，一旦选择了这个职业，就必须与具有各种类型的人交流，必须有忍耐性和灵活性。由于人力资源管理从业人员需要参与大量的行政管理工作，因而，他们必须具备很强的协调能力。

第五，高尚的职业道德。职业道德是指在从事职业活动过程中的一系列可接受的行为标准和道德判断。

第四节　人力资源规划与供需平衡

一、人力资源规划的内容

（一）人力资源规划的特点

第一，超前性。根据对组织现状、形势、机遇、挑战的分析，提出未来的发展蓝图。组织发展所需要的人力资源不是一朝一夕能得到的，所以，一定要做好超前规划，有时也将这种规划称为负时间规划。

第二，可操作性。规划要可望又可即，超前性也应是通过努力可以实现的目标。

第三，富有弹性。人力资源规划需要保持动态平衡。人是动态的，职位是相对稳定的，所以，人力资源规划应保持动态平衡和可调整性，要留有一定的余地，尤其要注意应对不可抗力的影响。

（二）人力资源规划的意义

人力资源规划是指一个企业或组织通过科学的预测，分析其在环境变化中的人力资源的供给和需求状况，制定必要的政策和措施，以确保组织在需要的时间和需要的岗位上获得各种所需的人才，使组织和个体能够得到长远的利益。人力资源规划是人力资源管理活动与组织其他活动之间的连接点，它使得人力资源管理活动与组织的其他活动相协调，使得人力资源管理活动的目标与组织活动的目标相一致。

人力资源规划是一个动态过程，是在对未来外部环境和组织变化进行系统分析的基础上，对组织未来人员的需求量和供给量的差异进行分析，并找出平衡差异的途径。人力资源规划是一个系统过程，它需要在对组织未来人员的供求状况进行预测的基础上制订计划，并在计划实施过程中进行控制和评估。人力资源规划是组织战略计划之一，是着眼于为组织未来的活动预先准备人力，它的制订可以为组织的人事管理活动提供指导。

人力资源规划的重要意义是使管理者心中有数，避免管理的盲目性。一个组织应制定必要而合理的人力资源政策和措施，规划要有措施保证和支撑，以确保组织对人力资源需求的如期实现。内部人员的调动补缺、晋升或降职，外部人员的招聘、培训和奖惩等，都要有切实可行的措施保证，否则就无法确保组织人力资源规划的实现。

人力资源规划的制订能使组织和个人都得到长期的利益（同时兼顾个人利益和集体利益）。企业要充分调动每个员工的积极性和创造性，努力实现组织的目标；要研究员工个人在物质、精神和业务发展方面的需求，帮助员工实现个人的目标。组织目标和个人利益两者必须兼顾，否则无法吸引和留住所需的优秀人才。因此，人力资源规划的目的是为实现组织目标而留人和用人。凡事“豫则立，不豫则废”，人力资源规划就是“豫”的过程。

（三）人力资源规划的期限

企业的人力资源规划按时期分为中、长期规划和年度规划。过去，长期规划一般为10年以上，中期规划大多为5年，年度规划即为当年的规划。年度规划是执行计划，是中、长期规划的贯彻和落实，而中、长期规划则对企业人力资源规划具有方向性的指导作用。

随着知识经济与数字生活时代的到来，市场变化实在太快，如今的长期规划一般为

3~5年，随着环境的动态变化加剧，人力资源规划的期限将会越来越短。这种期限缩短是一种世界性的、必然的趋势，任何企业都必须面临这样的变革。而且，人力资源规划期限的缩短不仅仅是人力资源规划部门的事，整个企业的各职能部门都需要进行变动以配合这个规划期限的缩短。

（四）人力资源规划的作用

1. 人力资源规划的作用决定因素

人力资源规划的作用是由以下几方面所决定的：

（1）动态变化的环境，要求对人力资源的数量和质量做出相应调整。随着市场竞争的日益加剧、结构调整、进口冲击、名牌冲击、技术进步，直接引起人员的调整、下岗和再就业等。

（2）企业员工队伍本身不断变化（如离职、退休等），可能造成人力资源的缺口。因此，需要预先采取措施，以保证员工队伍的稳定。同时，市场竞争也促进了人才资源的流动。因此，企业须预先进行人力资源规划。

（3）人力资源从补充到适应需要一个过程，此过程的长短与补充人员的素质和岗位工作的类型有关，需要做出周密的安排。一般而言，素质高的人适应过程短，适应能力强；岗位工作复杂，适应过程长；岗位工作简单，适应过程短。

在当前经济快速增长时期，人员流动大，企业员工心理复杂，价值更加多元化，使规划难度增大。企业在什么时候需要补充人员、应该补充哪些层次的人员，以及如何避免各部门人员提升机会不均等的情况、如何组织多种需求的培训等，这就需要进行人力资源的规划工作。所以，只有搞好人力资源规划，组织才能获得和拥有人才，才有利于人才的合理流动，充分发挥人才的作用，才有利于企业内部改革的顺利实施。

2. 人力资源规划的作用表现

人力资源规划对于任何一家企业来说，都具有极其重要的战略地位和作用，它是企业人力资源管理工作的重要依据，必须引起足够的重视，其具体作用主要表现如下：

（1）人力资源管理的基础。人力资源规划通过对企业未来人力资源需求状况的预测和目前人力资源状况的分析，并根据人员供求过程中的平衡状况，在对企业人员的增减进行全盘考虑的情况下，再制订人员增补和培训计划，这使得人力资源管理工作有的放矢。因此，可以说人力资源规划是人力资源管理的前提和基础，是人力资源管理工作得以成功的关键和根本保证。

（2）降低人力资源成本。影响企业人力资源结构及用人数量的因素很多，通过人力资源规划可对现有的人力资源结构进行全面分析，找出影响人力资源有效运用的瓶颈，使得人力资源得以充分发挥其效能，从而达到降低人力资源成本的目的。

（3）促使人力资源的合理使用。可以说，大多数企业的人力资源配置都很难达到理想的状况，在相当多的企业中，一些人员的工作负荷过重，而另一些人员则工作过于轻松；有些人感到力不能及，而有些人感到能力有余，未能充分利用。人力资源规划可以改善人力分配的不平衡状况，进而谋求合理化、最优化，使得人力资源得到最佳配置并适应组织发展的切实需要。

（4）配合组织发展的需要。任何组织要追求生存和发展，其人力资源的获取和合理配置是其关键因素。换言之，就是如何适时、适量及适质地使组织获得所需的各类人力资源。由于现代科学技术的高速发展，企业面临着瞬息万变、稍纵即逝的商机，如何针对这些多变的因素，配合组织发展的战略目标来对人力资源进行恰当规划就显得甚为重要。

（五）人力资源规划的编制程序

一般来说，编制一个组织的人力资源规划要实施下列五个步骤：

第一，预测和规划本组织未来人力资源的供给情况。

对本组织内现有各种人力资源进行测算：从各种人员的年龄、性别、工作经历、所受教育、技能等资料中分析出本组织内现有人员的供给情况。

分析组织内人力资源流动的情况：分析企业内人员的升、降，工作岗位之间的人员流动，退休，工伤离职，病故，以及人员流入、流出本组织等的情况。

第二，对人力资源的需求进行预测。在人力资源供给预测规划的基础上，根据组织目标，预测本组织在未来某一时期对各种人力资源的需求。对人力资源需求的预测和规划，可根据时间的跨度采用相应的预测方法。

第三，进行人力资源供需方面的分析比较。把人力资源需求的预测数与在同期内组织可供给的人力资源进行比较，从比较分析中可测算出所需的各类人员数。这样，可以有针对性地物色或培训相关人员，并为组织制定有关人力资源管理的相应的政策和措施提供依据。

第四，制定有关人力资源供需方面的政策和措施。在人力资源供需平衡分析的基础上，制定相应的政策、措施，呈交有关管理部门审批。

第五，实施规划与信息反馈。在人力资源规划编制完成之后，就应将其投入实际中实施，并对其实施过程进行监督、分析，然后评价规划的质量，找出规划的不足，对规划进行持续修改，以确保战略的顺利实施。

（六）人力资源规划的审核与评估

人力资源规划的审核和评估是对组织人力资源规划所涉及的各个方面及其所带来的效益进行综合审查与评价，是对人力资源规划所涉及的相关政策、措施以及招聘、培训发展和报酬福利等方面进行审核与控制。

通过人力资源规划的审核和评估，听取管理人员和员工对人力资源管理工作的意见，动员管理者和员工参与人力资源的管理，有利于调整人力资源规划和改进人力资源管理工作。人力资源管理人员可以通过审核和评估，调整有关人力资源方面的项目及其预算。人力资源成本控制对进行人力资源规划的审核和评估显得尤为重要。

组织通过定期与不定期的人力资源规划的审核和评估，及时地提醒组织高层领导改进并落实有关的政策和措施，有利于调动员工的积极性，提高人力资源管理工作的效率。

二、人力资源供需平衡

（一）需求预测

1. 需求预测的专业相关术语

（1）长期趋势。对于长期趋势的界定，不同的企业有不同的看法，有的界定为十年，有的界定为五年。知识经济时代的到来与数字时代的发展，使得对长期趋势的界定逐渐缩短。

（2）循环变动。发生于一年以上的可预测的趋势线的变动。

（3）季节性变动。主要是指一年内按季节的变动。

（4）随机变动。没有固定模式的、难以预测的短期变动。

2. 人力资源需求的影响因素

人力资源需求的影响因素来自两个方面：

（1）内部影响因素。具体包括：①生产需求；②劳动力成本趋势；③可利用的劳动力（失业率）；④每一个工种所需要的员工人数；⑤追加培训的需求；⑥每一个工种员工的流动情况；⑦劳动力费用；⑧工作小时的变化；⑨退休年龄的变化；⑩社会安全福利的保障。总之，要有效预测组织员工的需求数量，就必须根据宏观环境和组织自身的战略规划，认真研究上述变量，抓住主要变量，并将预测看成是完善组织人力资源需求决策的一个工具，以保证人力资源需求预测更加有效。

（2）外部影响因素。具体包括：①国家及行业政策、方针的影响；②宏观经济环境；③技术变革；④价值链上、下游企业的变化；⑤用户的需求变化。

3. 人力资源需求预测的方法和技术

员工需求预测是组织（企业）编制人力资源规划（计划）的核心和前提条件。在进行人力资源需求预测时，管理者应当考虑多种因素，对于需求预测应持动态的观点，综合考虑预测期内劳动生产率的提高、工作方法的改进，以及机械化、自动化、信息化水平的提高等一系列因素。然而，从现实的观点来看，市场或顾客对组织的产品和服务的需求是最为重要的影响因素，因此，组织的人力资源需求预测应建立在销售和生产预测的基础之上。除了生产和销售需求预测之外，还需要考虑下列因素：①雇员流动比率（退休、辞职或终止合同）；②所需雇员的质量和性质（当组织战略目标正在发生转变时，这一因素尤为重要）；③组织战略目标的转变；④技术和管理方面的变化；⑤本组织内能够获得的经济资源。

一个企业应根据自己的战略目标和任务来预测自己将来对人力资源的需求。它取决于其生产、服务的需求，取决于其投入与产出（或服务）之间的关系等因素。例如：扩大生产、增加产品和服务，需要的人员就会增加；反之，需要的人员就会减少。

然而，企业自动化水平的提高，需要的人员会减少，但对人员的知识、技术、技能等素质要求不断提高。另外，随着环境的变化，企业对人力资源的需求也在发生变化。所以，为了确保组织战略目标和任务的实现，组织必须重视对人力资源的预测，以保证组织在需要的时候及时获得所需要的人员。

目前，国内外对人力资源需求进行预测常采用的方法和技术如下：

（1）人力资源现状规划法。人力资源现状规划法是一种比较简单且易于操作的预测方法，一般组织对管理人员的连续性替补多采用这种方法。运用这种方法的前提条件是假设一个组织目前各种人员的配备比例和人员的总数将完全能适应预测规划期内的人力资源的需要，那么，计划人员所要做的事情如下：

第一，测算出在规划期内有哪些人员或哪些岗位上的人将晋升、降职、退休或调出本组织。

第二，准备调动人员去替补。当然，必须考虑这个人选是否需要经过一定时期的培训，如果需要，则应做出相应的培训计划。

利用人力资源现状规划法可能会产生一个岗位上的顶替连续引起几个或多个岗位人员的顶替的问题。但是，相对而言，这是一种较简单、易于操作的方法。这种方法适用于短期人力资源预测规划。

（2）经验预测法。经验预测法是指利用组织现有的情报和资料，根据有关人员的经验，结合本企业的特点，对企业需要的员工数加以预测。

经验预测法可以采用“自下而上”和“自上而下”两种方式。“自下而上”是指由直线部门的经理向自己的上级主管提出用人要求和建议，征得上级主管的同意；“自上而下”的预测方式是指由企业经理先拟定出企业总体的用人目标和建议，然后由各个部门自行确定用人计划。

可以将“自下而上”与“自上而下”两种方式结合起来运用：先由企业提出员工需求的建议，再由各部门按企业的建议，会同人事部门、技术部门、员工培训等部门确定具体的用人需求量。同时，人事部门汇总确定全企业的用人需求量，最后形成组织的员工需求预测方案交由企业高层经理审批。

这种方法也不复杂，适用于技术较稳定的企业制订中、短期人力资源预测规划。

（3）分合性预测法。分合性预测法是一种先分后合的预测方法。先分，是指一个组织要求下属各个部门、单位，根据各自的生产任务、技术、设备等变化情况，先将本单位对各种人员的需求进行预测。后合，即是在上述基础上，由计划人员把下属各单位的预测数进行综合平衡，从中得出整个组织将来某一时期内对各种人员的总需求数。

这种方法较能发挥下属各级管理人员在预测规划中的作用，但专职计划人员要给予下属一定的指导。这种方法较适用于制订中、短期人力资源预测规划。

（4）德尔菲法。德尔菲法是用来听取专家们关于处理和预测某些重大技术性问题的一种方法。它也常常被用来预测和规划因技术的变革带来的对各种人才的需求。

第一，德尔菲法的特征。具体如下：①吸收专家参与预测，充分利用专家的经验和学识；②采用匿名或背靠背的方式，能使每一位专家独立自由地做出自己的判断；③预测过程经过几轮反馈，使专家的意见逐渐趋同。德尔菲法的这些特点使它成为一种最为有效的判断预测法。德尔菲法适合于对技术人员的长期预测规划。从时间和费用来看，这种方法不适用于短期的或对一般人力资源需求的预测规划。

第二，德尔菲法的步骤。具体如下：①取得专家和研究人员的合作，把需要解决的关键问题分别告诉有关的专家和研究人员，并请他们各自单独对新技术突破所需的时间以及带来的对各种人员需求的变化做出估计或预测，然后提出自己的看法；②在此基础上，管理者收集并综合专家们的意见；③再把综合后的意见交给专家们分析讨论；④经过多次的反复讨论，最后形成专家组的意见。

第三，德尔菲法的原则。具体如下：①为专家提供充分的信息，使其有足够的根据做出判断；②所提的问题应该是专家能够回答的问题；③允许专家粗略地估计数字，不要求精确，但可以要求专家说明预计数字的准确程度；④尽可能将过程简化，不问与预测无关的问题；⑤保证所有专家能够从同一角度去理解员工分类和其他有关定义；⑥向专家讲明预测对企业和下属单位的意义，以争取他们对德尔菲法的支持。

（5）描述法。描述法是指人力资源计划人员可以通过对本企业在未来某一时期的有关因素的变化进行描述或假设。从描述、假设、分析和综合中对将来人力资源的需求预测进行规划。

通常由于各组织规模和所在行业的不同，各自计划期的时间跨度也有所不同，因此，所采用的人力资源预测和规划方法不同。对大企业来说，它们在制订中、长期人力资源计划时，多采用较为复杂的德尔菲法和计算机模拟法。对较小的企业来说，它们则多采用较为简单的预测规划方法。在制订短期 HR 计划时，无论企业组织规模大小，均可采用简单的预测规划方法。

（6）计算机模拟法。计算机模拟法是进行人力资源需求预测诸方法中最为复杂的一种，是在计算机中运用各种复杂的数学模型对在各种情况下，企业组织人员的数量和配置运转情况进行模拟测试，从模拟测试中预测出对各种人力资源需求的各种方案，以供组织决策参考。

（7）模型推断法。运用数学模型进行需求预测在预测中有着十分重要的作用和价值。根据影响因变量因素的多少，分为单因素模型和多因素模型。影响企业未来人力资源需求的因素很多，为了预测准确，可以建立多因素模型。但多因素模型的建立比较复杂，并需要长期和全面的数据资料。

（二）人力资源供给预测

人力资源供给预测主要是为了满足组织对管理人才和专业技术人才的需求，对将来某个时期内，组织能从其内部和外部获得的管理人员和专业技术人员的数量和质量进行预测。

1. 组织内部人力资源的供给预测

组织内现有的人力资源常常是组织最大的招聘来源。

(1) 组织内部人力资源的供给预测的内容。

第一，管理人才储备预测。任何一个组织都需要做好管理人才的储备，在储备管理人才时应遵循如下步骤：①初步界定需要储备的管理岗位，并进行岗位描述；②确定每个管理职位上所有可能的接替人选，建立待选人员档案；③建立组织结构接续计划图。

第二，马尔可夫分析。也叫转换矩阵，它在理论上很复杂，但使用方法却比较简单。马尔可夫分析可以用来进行组织内部人力资源的供给预测。马尔可夫分析的基本思想是：总结过去人事变动的规律，以此来推测未来的人事变动趋势。

第三，档案资料分析。通过对组织内人员的档案资料进行分析，也可以预测组织内人力资源的供给情况。档案资料中包括员工的年龄、性别、工作经历、受教育程度和技能等方面的资料，更完整的档案还包括员工参与过的培训课程、本人的职业兴趣、业绩评估记录（包括对员工各方面成绩的评价、优点和缺点的评语）、发明创造，以及发表的学术论文或获取专利等信息资料。这些信息对企业人力资源管理具有重要的作用，譬如，可以用于确定晋升人选、制订管理接续计划、对特殊项目的工作分配、工作调动、培训人员的选择和培训要求的确定等。

(2) 组织内部人力资源供给的预测方法。进行组织内部人力资源供给预测的思路是：首先确定各个工作岗位上现有的员工的数量，然后估计下一个时期在每个工作岗位上留存的员工的数量，这就需要估计有多少员工将会调离原来的岗位或者离开组织。实际情况往往非常复杂，因此，在进行组织内部人力资源供给预测时，需要对人力资源计划人员的主观判断进行修正。

要得到内部人员供给的情况，既可以用人工方式进行收集，也可以借助计算机来进行编辑整理。常用的内部人员供给预测的方法有以下几种：

第一，职工技能信息系统。职工技能信息系统包括如下信息：教育水平、参加过何种由企业出资的课程学习、职业兴趣及职业发展兴趣、外语水平、技术水平、持有的证书、主管对其的能力评价等。技能信息可反映员工的竞争力，可用于判断哪些现有的职工能够被提升或调配到空缺职位上来。

第二，人员调配图。人员调配图，也称职位调配图，它记录各个人员的工作绩效、晋升的可能性和所需要接受的训练等内容。有一些组织利用人员调配图来对每一名内部候选人进行跟踪，以便为组织内的管理职位挑选人员。制订这一计划的过程是：确定计划包括的工作岗位范围—确定每个管理职位上的接替人选—评价接替人选目前的工作情况和是否达到提升的要求—确定职业发展需要，并将个人的职业目标与组织目标相结合。

第三，人力资源管理信息系统。人力资源管理信息系统是组织进行有关人员和工作信息的收集、保存、分析和报告过程。在小型企业中，人工档案管理和索引卡形式的人事管理比较有效。对于规模较大的企业来说，必须借助于计算机软件进行管理，即人力资源管理信息系统。人力资源管理信息系统应该包括工作代码、产品知识、行业经验、正规教育、培训课程、外语水平、职业兴趣和工作绩效评价等方面的信息。

2. 组织外部人力资源的供给预测

当组织内部的人力资源供给无法满足需要时，组织就要将目光转向外部招聘。组织外部人力资源供给预测包括宏观经济形势预测、当地市场情况预测以及劳动力市场和人才市场预测。与组织内部人力资源供给预测一样，组织外部人力资源供给预测也要考虑潜在员工的数量和质量等因素。当然，对组织外部人力资源的供给预测也不可能非常精确，这种分析的主要意义在于为企业提供一个新员工的可能来源的分析框架。

从长远来看，任何组织都面临着招聘与录用新员工的问题。无论是由于组织生产规模的扩大、多元化经营、跨国经营，还是由于员工队伍的自然减员，组织都必须从劳动力市场上获得必要的人员，以补充或扩充组织的员工队伍。

组织外部人力资源的供给主要受以下因素的制约：①劳动人口的增长趋势；②社会对相关专业人员的需求程度；③各类学校毕业生的规模与结构；④国家就业法规、政策的影响。组织外部人力资源供给的来源包括各类学校毕业生、失业人员，以及其他组织的流出人员等。企业在预测外部人力资源供给时，主要应考虑众多的劳动力市场和劳动中介机构，这些机构经常向社会发布劳动力供求信息。另外，近年来社会上也出现了众多的猎头企业，而且还出现不少的职业中介网站，这些都是组织预测外部人力资源供给的重要信息来源。

第二章 工作分析与设计评价

重视工作分析与设计评价，可以确保人力资源能够与管理要求相符，促使组织管理体系正常运转。基于此，本章对工作分析的基础知识、工作分析的程序和方法、工作设计与工作环境优化、工作评价的标准与方法进行论述。

第一节　工作分析的基础知识

一般而言，人与事、人与人、人与组织、人与物等一系列关系都是现代人力资源管理研究与调整的对象。工作分析在现代人力资源管理中个有基础地位。

一、工作分析的概念

工作分析，也称为职位分析或岗位分析。工作分析包括工作描述与工作规范两部分内容。工作分析主要回答以下几方面的问题：

第一，工作职责。具体包括：承担工作的人必须进行的与工作相关的各种活动；工作中所含的各种任务，承担这些任务的人应负的职责；各项任务的工作流程；工作流程中与其他工作的关系；工作中各个阶段成果的表现形式和保存形式。

第二，工作特征。具体包括：工作的时间特征；工作的物理环境特征；工作的空间环境特征；工作的组织形式和社会环境特征；工作的技术性、创新性和复杂性特征。

第三，工作手段。具体包括：工作中所使用的工具、设备、机器和辅助工作用具等。

第四，为何要这样做。具体包括：确定工作目标、个人绩效要求及激励方式、标准和程序。

第五，责任者。即工作承担者必须具备的基本条件，具体包括：个性特征；教育背景（学历和接受过的培训）要求；工作经验要求；基本技能（能力）要求；基本知识要求；身体条件要求。

随着管理理论与实践的发展，从工作研究中的程序、方法、作业与动作分析到狭义的工作分析，再到将工作规范包含进去形成广义的概念，工作分析的概念及内涵也处于一个不断变化的过程中。随着现代人力资源管理向战略人力资源管理模式的转变，管理的核心由“岗位管理”转移到以员工能力为基础的“组织能力管理”。因此，以岗位为核心的工作分析也必须体现这种变化，只有将整个工作体系纳入自己的研究范围，才能更好地实现对组织战略的参与、对组织的系统整合，以及对各项人力资源管理活动的全面推动。

二、工作分析中的常用术语

开展工作分析活动时，组织可以从不同个体的职业生涯与职业活动的调查入手，分析其职务、职位、职责、工作任务与工作要素，从不同层次上确定工作的性质、繁简难易程度与任职者的资格条件。以下常用术语是工作分析中经常出现的，应当明确。

第一，工作要素。工作要素是指工作活动中不能再继续分解的最小动作单位。例如，速记人员在工作中能正确书写各种速记符号，行政文员在工作中使用计算机、签字、打电话、发传真等。

第二，任务。任务也称“工作任务”，是为了达到工作目的所完成的一系列不同工作活动，即在工作活动中为了达到工作目的的要素集合。例如，管理科研项目、组织社会调研、打印文件、参加会议、搬运货物等是不同的任务。

第三，职责。职责指某人担负的一项或多项相互关联的任务集合。例如，薪酬专员的主要职责之一是进行薪资调查，这一职责通常由下列任务组成：设计调查问卷，把问卷发给调查对象，将结果表格化并加以解释，把调查结果反馈给调查对象。

第四，职位。职位是指某一时间内某一主体所担负的一项或多项相互关联的职责集合。在同一时间内，职位数量与员工数量相等，有多少位员工就有多少个职位。

第五，职务。职务是对主要职责在重要性与数量上相当的一组职位的集合或统称。例如，开发工程师、秘书等都是职务。职务实际上与工作是同义的。一种职务可以对应设置多个职位，如企业中的法律顾问这一职务，可能只设置一个职位；开发工程师这一职务，则可能设置多个职位。

第六，职业。职业指在不同时间、不同组织中，工作要求相似或职责平行（相近、相当）的职位集合。

三、组织中工作的解读

（一）组织中的工作及类型

组织是为实现特定目标在一定的范围界限集中一种或多种资源，并按某种规则形成的一种集体或系统。组织的目标，需要通过一系列有目的的活动来实现，这种与特定目的联系在一起的一系列行为过程或事件，称为工作。组织中的工作是多层次的、可分解的。

现实中，组织为实现目标所要完成的各种工作可以分为三类：

第一，需要由人完成的工作，如进行抽象思维、分析判断等。该类工作，组织必须聘用相应的人员来完成。

第二，由机器完成的工作，如不需要人干预的自动化生产线的生产作业或计算机将外码转换成内码的过程。该类工作，组织需要通过购买或建设相应的设备与设施来完成。

第三，在一定条件下，既可以由人完成，也可以由机器完成的工作，如将一份文件复制三份，可以由人来抄写，也可以用复印机来复印。该类工作，取决于组织管理者的经营管理决策，这种决策一旦做出，该工作就转变成第一类或第二类工作。因此，组织的各种工作从总体上也可只分为前两类。一项工作是由人来完成还是由机器设备来完成取决于当前的技术装备水平及组织管理者的投资决策。由人来完成的工作是组织管理特别是人力资源管理的主体内容。

（二）工作的分工与协作

当一项工作决定由人来完成时，组织管理者通常会面临第二个决策，即由组织内部的人还是组织外部的人来完成，或者由自己还是由他人来完成。

一项工作不论是由组织外部的人还是由组织内部的其他人来完成，组织管理者都面临着分工与协作的问题。一个组织通常由多个部门与岗位构成，每个部门或岗位都有自己独特的职能与职责。让每个部门或岗位从事不同的工作，具有不同的职能，这就是分工。虽然每个部门或岗位的具体工作、职能与职责不同，但最终目标应该是相同的。每个部门或岗位通过各自的努力来实现共同的目标，这就是协作。因此，分工与协作就是不同的人通过从事不同的工作来实现共同的目标。

既然目标只有一个，为何要分到不同的部门或岗位的原因：①有些事一个人没有能力或精力去完成，如技术研究与开发、生产组织、产品销售等，要求在时间上同时进行，必须由不同的人分别完成；②有些事虽然可以由同一个人完成，但是，当这件事被分解成为相对简单或单一的内容分别由不同的人完成时，可以使相应的人员形成专门的熟练技能，大大提高工作的效率；③有些事不应由同一个部门或岗位完成，如具有监督与被监督关系的事、审核与被审核关系的事等。

分工使不同部门或岗位具有不同的工作性质与工作内容，并且通常在不同的时间与地点进行工作。因此，为了确保共同目标的实现，必须建立相应的机制使这些部门或岗位进行协作。不同部门与岗位之间的协作是通过多种实物或信息的交流来实现的，如原材料、半成品、成品等物体，还有表格与票据、电话、传真、电子邮件、口头指令、请示、请求或要求等。通过信息的传递，针对某项业务，相关岗位按照一定的逻辑与时间顺序，依次根据自己的岗位职责开展工作，最终完成整个业务过程。

一项整体性的业务通过分工由不同的人去做会产生两方面的影响：一方面，由于专业化的效果及一定的监督与控制，可以大大提高单个部门或岗位的工作效率与工作质量；另一方面，如果相关部门或岗位之间的信息不畅通，衔接不紧密，协作机制不健全，则通常会导致整个业务运作效率下降，甚至造成业务的停滞与纠纷。因此，企业的管理者应成为一名设计师，科学地划分各部门或岗位的职能与职责，并建立相应的工作规程与工作标准，在此基础上，通过建立畅通的信息沟通与业务衔接机制，实现各部门与岗位之间良好的协作，高效地促进整个业务流程的进行。

（三）组织中的“工作体系”

在组织中，我们把通过分工与协作机制联系起来的部门与岗位结构及其相应的职责与职权安排称为“工作体系”。工作体系反映了组织中一系列需要由人来完成的工作及其相互关系。

对企业而言，工作体系涉及组建形式、经营形式、部门结构、岗位结构、岗位内部各类工作的工作方法与程序等多个方面的内容，从总体上可以分为组织设计、部门设计、岗位设计与方法设计四个基本层次。组织设计包括资产组织形式设计和经营组织形式设计两个方面的内容，而部门设计、岗位设计及工作设计则属于管理组织形式设计的内容。

1. 资产组织形式

资产组织形式是指一家企业的产权结构及其形成过程。资产组织形式在表面上虽然只体现了企业的资产或财务特征，但不同的资产组织形式对企业的经营管理过程都有着重大的影响，在企业投资决策及兼并重组过程中，其非资产或财务作用越来越受到人们的重视。

产权结构决定了治理结构，而科学合理的治理结构是现代企业制度建设的核心内容。一家独资企业的组织运行方式与同行业、同规模的一家上市企业相比会有较大的差别。许多项目的投资坚持产权多元化的原则管理的科学性与有效性。

在企业组建过程中与他人合资或合作除了因为资金及治理结构方面的因素，还经常以资产或股权为纽带，获取企业某种必需的资源，如原材料、技术、经营管理模式、品牌等。

获取人力资源也经常成为资本运作的最终目的，同时，在资本运作过程中，对人力资源的重视程度也越来越高，人力资源评估成为项目评估的一项重要内容，在投资决策中起着越来越重要的作用。

2. 经营组织形式

企业的经营组织形式指其治理结构及运行机制。在所有权与经营权不分离的情况下，出资人直接参与企业的经营管理，其行为与其利益直接联系，不需要设计单独的激励制度。在所有权与经营权部分或全部分离的情况下，就出现了所谓的“代理问题”，需要建立一系列激励与约束机制，保证所有者的利益，激发经营者工作的积极性与主动性，并对其进行监督与控制。经营组织形式包括出资者直接经营、聘任职业经理人经营、承包经营、租赁经营、授权经营、托管经营等多种形式。

由于经营组织形式涉及经营者的激励与约束问题，特别是对于集团型企业而言，下属子（分）企业因其具体特点可能需要采用不同的经营形式。因此，经营组织形式的设计与选择既是经营决策问题，也是人力资源管理的一项重要内容。

3. 管理组织形式

管理组织形式是指组织内部的部门与岗位的构成及运行机制，包括组织中的部门结构、岗位结构，每一部门或岗位的职责与权限分配，岗位内部的工作内容、工作方法、工作程序及标准的安排，以及不同部门与岗位之间的分工协作机制。管理组织形式主要取决于组织的总体管理模式及管理思想，同时，又体现着组织性质及行业特征。

组织部门结构形式体现着管理组织形式的基本类型。在管理实践中，产生了直线制、职能制、直线职能制、事业部制、矩阵制等多种管理组织形式，并随着组织的扁平化及弹性化要求所进行的组织变革进一步呈现出多样化的趋势。岗位结构及岗位数量主要取决于组织的规模、组织的装备与技术水平、组织每个成员的工作负荷等因素，同时，也需要充分考虑工作满意度。工作设计则在组织运作流程及每一岗位的工作确定的情况下，进一步研究与设计岗位工作的工作方法、工作手段、工作程序、工作环境、工作标准，以达到减轻工作负荷、提高工作效率、增强工作满意度的目的。

资产组织形式、经营组织形式与管理组织形式共同构成了完整的组织工作体系。虽然它们分别处于不同的决策与管理层次，具有不同的主体内容，但有着密切的联系，相互影响与制约。通过整体组织设计这三个层次的逐步进行，组织将总工作分解为由个人承担的具体工作，并对每一具体工作的方法、程序与标准进行具体规定，从而通过具有相应资格的个人的工作确保组织目标的实现。随着人力资源管理职能定位与层次的不断提升，人力资源管理者需要将整个组织及其能力作为自己工作的核心，而不是局限于组织中的岗位与人员。因此，人力资源管理中工作分析的方法也需要提升与拓展，从组织战略出发，从整个组织系统的分析与设计入手，全面整合优化组织工作体系，才能保证以工作分析为基础的各项人力资源管理活动对组织战略提供有效的支撑。

四、工作分析的活动与内容

不同的组织，或者同一组织的不同阶段，其工作分析的目的有所不同。一项完整的工作分析，一般应当包括以下三项活动和六项内容：

（一）工作分析的活动

第一，搜集信息。即按选定的方法、系统和程序搜集所需要的信息。

第二，分析信息。即研究各种工作因素的分析活动，主要包括信息描述、信息分类和信息评价。

第三，加工信息。即把所获得的分类信息进行解释、转换和组织，使之成为有使用价值的文件。

（二）工作分析的内容

第一，工作岗位分析。主要分析岗位的名称是否准确、标准，能否通俗地反映工作的性质和内容；岗位设置是否合理，体现精简、效能的原则；岗位所处的环境状况如何等。

第二，工作任务分析。明确规定工作行为，如工作中心任务、工作内容、工作独立性和多样化程度、完成工作的方法和步骤、使用的设备和材料等。

第三，工作责任分析。通过对工作相对重要性的了解来分配相应权限，保证责任和权力对应。一般尽可能用定量的方式确定责任和权利，如财务审批的权限和金额数、准假天数的权限等。

第四，工作关系分析。了解工作的各种关系，包括部门间和员工间的协作关系及与外部的合作关系。

第五，工作目标分析。明确工作所要实现的目标，包括完成工作的数量、质量、效率，以及取得的成果、效益等，旨在为绩效考核和奖惩提供依据。

第六，员工条件分析。对岗位的工作人员必备条件的分析，旨在确认工作执行人员履行岗位职责时应具备的最低资格条件，通常包括任职者基本特征（包括年龄、性别、学历、专业、性格等）、工作经验、工作技能、任职前需要的培训以及可能的特殊要求（如户籍要求）等内容。

五、工作分析的作用

在不断变化的工作环境中，新的工作不断产生，旧的工作要重新设计，适当的工作分析体系对组织人力资源管理具有极为重要的作用。不论是一个新的组织产生时，还是由于环境变化组织需要设立新的职位时，以及由于新技术、新方法或新系统的产生而使工作的性质发生变化时，都需要及时通过工作分析将有关职位的工作信息进行分析并进行规范化的说明。

从总体来上看，工作分析对组织的价值体现在以下三个方面：第一，工作分析是一个对组织进行全面梳理的过程。在这一过程中，组织可以察觉环境的变化以及对新环境的适应性，进而通过工作设计对组织进行全面优化，确保组织对战略与环境的适应性。第二，工作分析是一项系统工程，通常需要全员全过程的参与和全方位的交流与沟通，这有助于组织成员加深对组织及其他部门与岗位的理解，促进协作，提升组织文化。战略人力资源管理要求人力资源管理专业人员更为全面和深入理解组织战略与组织运行，更为具体地掌握各种业务，而工作分析则提供了这样一个机会。第三，工作分析是各项人力资源管理活动的基础，几乎所有的人力资源活动都要建立在工作分析的基础之上。

工作分析在人力资源管理中的作用具体体现在以下几个方面：

（一）人力资源规划

组织内的任何工作或岗位都是根据组织的需求来设置的，每个岗位的任务、职责、职权、工作时间及工作条件等因素决定其所需的人力资源数量与质量。人力资源规划必须以工作分析为基础，才能做到客观准确。

（二）招聘与挑选

要识别和雇用最适合条件要求的求职者，就要对每一个职位制定相应的挑选标准，即成功地完成某项工作所必需的知识、技能和能力。有了这些信息后，一方面，组织可以据此选择或开发恰当的挑选工具，如面试的问题和测验等，以了解求职者的相关知识、技能和能力的水平，并最终对求职者进行评审和筛选；另一方面，求职者将翔实的工作描述与自身条件和发展要求相对照，能够做出是否接受该工作的知情选择，从而在招聘环节为组织减少人员不稳定的可能性，在一定程度上降低组织未来的员工流动率。

（三）员工的培训和发展

组织可以使用工作分析的信息确定培训的需要、培训的内容，评价培训的有效性，将现有员工的工作水平和行为表现与该职务的工作要求相对比，如发现差距，则考虑员工是否在完成该项工作所需要的知识、技能和能力方面有欠缺，是否可以通过培训来提高。一旦存在培训需要，就根据工作分析对该职位的具体要求，确定有关知识、技能和能力的培训方案和内容，提高其工作绩效。对培训有效性的评价，是把参加过培训的员工的绩效水平与所期望的在工作分析过程中已具体规定的绩效水平以及培训前的绩效水平进行比较。对于员工来说，明确的工作分析，也为其自我检查确定了衡量标准，为其自我发展确定了明确的方向，使其从主观上能积极参加培训，提高工作绩效，从而使组织减少对不合格员工的解职率。

（四）绩效评估

从工作分析中获得的信息是对员工进行绩效评估的重要依据。一个有效的绩效评估系统必须拥有清晰、现实、充分的绩效标准。对一个职位所做的科学的工作分析正好能对该工作的要求提供一整套的清晰、现实、充分的描述，以此为依据设定的一系列绩效评估标准可以避免标准模糊、标准走样或标准欠缺。

对于被评估的员工，这样的评估标准是公平的，对于他们的工作行为具有指导意义，而不公平的绩效评估会提高员工的不满意度，导致员工的频繁流动。

（五）报酬决策

许多组织都把每项工作对组织的相对价值或重要性作为薪金比率确定的基础之一，而工作价值一般要通过技能水平、努力、责任和工作条件之类的重要因素去评价或评定，工作分析所提供的信息因此被用来作为工作价值评价的基础。

第二节 工作分析的程序和方法

一、工作分析的程序

工作分析是正式组织有领导地进行的一项政策性很强的工作，同时，又是一个具有较强系统性和技术性的过程，一般包括工作分析的准备、工作分析的实施、工作分析的结果形成等阶段。

（一）准备阶段

第一，明确工作分析目的，成立工作分析领导小组。一项工作分析活动的开展总是与特定的具体目的相联系。组织对工作分析的需求可能产生于多个方面，如组织新建、人力资源管理体系建设、组织运作存在职责不清的问题、原有的工作说明书已不适应变化了的岗位等。

在确认了组织对工作分析的需求，明确了工作分析目的后，组织应成立工作分析领导小组，其组成人员包括领导者，职能管理部门、技术与业务管理部门和人力资源部门的有关人员，必要时可聘请外部人力资源管理专家。人力资源部门负责工作分析实施的计划、指导与资料的汇总审定，其他成员负责工作计划的具体落实，包括资料的收集、审核，并形成电子文档。

第二，制订工作计划。制订工作计划是开展科学的工作分析的保证。工作计划的主要内容包括工作时间、工作内容和工作业务流程三部分。

第三，人员准备。成立工作分析小组，小组成员通常为工作分析专家。所谓工作分析专家，是指掌握工作分析技术，具有工作分析专长，并对组织结构内各项工作有明确概念的人员。上述专家既可以是内部专家，也可以是外部专家。

第四，技术准备。在开展工作分析之前，一定要做好技术准备工作。所谓技术准备，就是要选择适当的工作分析的方法和工作程序，并引进或制作相应的工作分析工具。

第五，培训与舆论准备。这一阶段很重要，直接关系到工作分析的有效程度，主要包括核心工作人员的培训、相关实施人员的培训、企业内部的舆论宣传等。

第六，资料准备。要准备的资料包括企业现状各类资料（企业规模、人力资源状况分析、组织结构、工作流程等），培训资料及工作分析实施资料（调查问卷、岗位说明书样板等）。

（二）实施阶段

1. 搜集与筛选信息

为保证分析结果的正确性，应该在各个职位中选择有代表性、典型性的工作，规定分析的方式、方法，并弄清应当收集什么资料，到哪里去收集，用什么方法去收集。对信息来源的选择应注意：不同层次的信息提供者提供的信息存在不同程度的差别；工作分析人员应站在公正的角度搜集不同的信息，不要事先存有偏见；使用各种职业信息文件时，要结合实际，不可照搬照抄。

信息搜集的方法和分析信息适用的系统由工作分析人员根据企业的实际需要灵活运用。

工作分析的项目很多，凡是一切与工作有关的资料均在分析的范围之内，分析人员可视不同的目的，选择其中必要的项目予以分析。

2. 填写工作分析调查表

在明确岗位信息的搜集程序后，就进入了岗位信息搜集的重要阶段——填写工作分析调查表。保证调查表填写正确的关键是要掌握各指标的含义，同时，要对岗位信息的真实性进行控制。无论采用何种岗位信息的搜集方法，由于被调查者或对工作分析的目的不理解，或主观地夸大自己的工作责任，往往造成对岗位信息的扭曲。为了避免这种情况，建议采用以下控制程序：

（1）在员工填写工作分析调查表之前，向员工就工作分析的目的、调查表指标体系的含义进行讲解。

（2）员工完成调查表填写后，部门主管对调查表进行审核。其审核的依据是本部门的职责，超出部门职责的工作任务或工作活动应被视为无效信息。如果认为信息有误，应当进行标注，以便在访谈时进行了解。

（3）对工作分析调查表的内容进行更正，保证内容准确。员工的直接主管应当要求员工对不恰当的信息进行修正，同时，主管应当在与岗位任职者完全沟通的基础上，对一些不切合实际的信息进行修改。

3. 开展工作分析访谈

完成岗位分析调查表的填写任务后，工作分析小组应当对员工填写的调查表进行审阅，并且标注需要进一步了解的情况和问题，以便在访谈时进行了解。

（1）针对调查表内容，对需要进一步了解情况的岗位员工进行个人访谈。

（2）对做同种工作的员工群体进行群体访谈。

（3）对完全了解被分析工作的主管人员进行访谈。在访谈时，依据在问卷中标注的问题进行访谈，提问的方法应该是开放式的，以便被访者有一定的发挥余地。

4. 工作信息分析

对搜集的各种工作信息进行全面系统的分析，从组织战略与组织运行的需要出发，根据调查中发现的问题，在对组织结构、运作流程进行全面优化的基础上，确定各岗位的职责、权限及工作开展方式。

（三）结果形成阶段

工作分析的直接结果就是产生工作描述和任职资格，形成岗位说明书。

在工作说明书编制完成后，应充分征求组织成员的意见，并根据发现的问题对工作说明书进行修订。在正式发布实施后，随着组织与岗位的变化，应及时对工作说明书进行维护，使工作分析成为组织的一项常规性工作，保证工作说明书的管理基础作用有效发挥。

二、工作分析的方法

工作分析方法的重要性要求组织在进行具体的工作分析时根据工作分析的目的、不同工作分析方法的利弊，针对不同人员的工作分析选择不同的方法。工作分析的方法多种多样，从总体上可以分为定性方法和定量方法两种。定性方法主要有访谈法、问卷法、观察法、工作日记法、工作参与法、关键事件法等，这类方法搜集的信息多以定性为主，叙述较多，带有较强的主观色彩。定量方法主要包括职位分析问卷法、管理岗位描述问卷法和功能性工作分析法等，这类方法搜集的信息以量化为主，更加客观。

（一）定性工作分析方法

1. 问卷法

问卷法是让有关人员以书面形式回答有关职务问题的调查方法。通常，问卷的内容是由工作分析人员编制的问题或陈述，这些问题和陈述涉及实际的行为和心理素质，要求被调查者对这些行为和心理素质在他们工作中的重要性和频次（经常性）按给定的方法作答。

从形式上，问卷可以分为两种：①开放式问卷。开放式问卷的问题基本上是开放型的，由被调查者根据岗位的实际情况用自己的语言进行描述。开放式问卷给了被调查者自由发挥的余地，可以反映一些岗位的深层问题，但不利于信息的分析与整理，同时，对被调查者的要求也较高。②封闭式问卷。封闭式问卷采用封闭型题目，设定若干选项，由被调查者进行选择。封闭式问卷采用格式化的形式调查各种岗位，便于分析整理与相互比较，但对问卷题目的选择与选项设计有较高的要求，否则可能会遗漏某些重要的岗位特征，同时，也不利于反映某些岗位的个性化特征。

从问卷内容上来看，问卷可以分成工作定向和人员定向两种。工作定向问卷比较强调工作本身的条件和结果，人员定向问卷则集中于了解工作人员的工作行为。

问卷法的最大优点是规范化、数量化，费用低，速度快，节省时间，不影响工作，调查范围广，可用于多种目的的职务分析，适合于用计算机对结果进行统计分析。但是，它的设计比较费时，也不像访谈那样可以面对面地交流信息，不容易了解被调查对象的态度和动机等较深层次的信息，不易唤起被调查对象的兴趣，除非问卷设计得很长，否则不能获得足够详细的信息，需对内容进行说明，否则会引起不同的理解，产生信息误差。

2. 观察法

观察法是通过观察，获得员工的职务信息的过程。这种方法一般适用于工作周期比较短的员工，在不影响员工正常工作的条件下，通过对被调查员工的观察，将有关工作的全部信息真实地记录下来，然后对所搜集的信息进行分析、归纳，制定职务说明书。为对所分析工作获得真实的了解，分析人员可到实地观察。分析人员在观察工作时，必须注意工作分析的要素——“做什么”“如何做”“为何做”，以及工作中所包含的“技术”，来探求工作的内容。

问卷法、访谈法等工作分析方法都可以有效地采集工作职务方面的信息，但它们都有某些弱点。其中有一个较大的问题，即有经验的员工并不总是很了解自己完成工作的方式，许多工作行为已成习惯，他们干起工作来并未意识到工作程序的细节。因此，研究者们主张采用观察法对工作人员的工作过程进行观察，记录工作行为的各方面特点，同时，了解工作中所使用的工具设备，了解工作程序、工作环境和体力消耗。观察时，可以用笔记录，也可以用事先预备好的观察项目表，一边观察，一边核对。在运用观察项目表时，须事先对该工作有所了解，这样，制定的观察项目表才比较实用。

观察前先进行访谈将有利于观察工作的进行。一方面，它有利于把握观察的大体框架；另一方面，它使双方有所了解，建立一定的合作关系。这样，随后的观察就能更加自然、顺利地进行。观察法要求观察者具备足够的实际操作经验。观察法虽然可了解广泛、客观的信息，但不适于工作周期很长的、从事脑力劳动的工作，偶然的、突发性的工作也不易观察，且不能获得有关任职者要求的信息。

3. 访谈法

访谈法是与担任有关工作职务的人员一起讨论工作的特点和要求，从而取得有关信息的调查研究方法。在工作分析时，可以先查阅和整理有关工作职务的现有资料。在大致了解职务情况的基础上，访问担任这些工作职务的人员，一起讨论工作的特点和要求。同时，也可以访问有关的管理者和从事相应培训工作的教员。由于被访问的对象是那些最熟悉这项工作的人，因此，通过认真的访谈可以获得很详细的工作分析资料。

访谈时要注意修正偏差，要通过和多个同职者访谈所收集的资料进行对比加以矫正。访谈法易于控制，可获得更多的职务信息，但分析者的观点会影响对工作信息的正确判断，分析者如果问些含糊不清的问题，会影响信息搜集，因此，访谈法通常不单独使用，要与其他方法合用。

4. 工作日记法

这种方法是让员工用工作日记的方式记录每天的工作活动，作为工作分析资料。这种方法要求员工在一段时间内对自己工作中所做的一切活动进行系统的记录。如果这种记录很详细，就可以从中获得访谈、问卷等方法无法获得或者观察不到的细节。

5. 工作参与法

这种方法是工作分析人员亲自参加工作活动，体验工作的整个过程，从中获得工作分析的资料。要想对某一工作有一个深刻的了解，最好的方法就是亲自去实践。通过实地考察，可以细致、深入地体验、了解和分析某种工作的心理因素及工作所需的各种心理品质和行为模式。

从获得工作分析资料的质量方面而言，这种方法比前几种方法效果更好。分析者通过亲自体验，可获得真实的信息，但这种方法只适用于短期内可掌握的工作，不适于需进行大量的训练或有危险性的工作。

6. 关键事件法

关键事件法是请管理人员和工作人员回忆、报告对他们的工作绩效来说比较关键的工作特征和事件，从而获得工作分析资料。关键事件法是一种常用的行为定向方法，它要求管理人员、员工以及其他熟悉工作职务的人员记录工作行为中的“关键事件”，也就是使工作成功或者失败的行为特征或事件。在大量收集关键事件以后，可以对它们做出分析，并总结出职务的关键特征和行为要求。关键事件法直接描述工作中的具体活动，可提示工作的动态性，既能获得有关职务的静态信息，也可以了解职务的动态特点，所研究的工作可观察、衡量，故适用于大部分工作，但归纳关键事件需耗费大量时间，易遗漏一些不显著的工作行为，难以把握整个工作实体。

（二）定量化工作分析方法

1. 职位分析问卷法

职位分析问卷法中的所有项目被划分为 6 个部分：第一部分包括工人在完成工作过程中使用的信息来源方面的项目，用来了解员工如何和从哪里获得完成工作所需要的信息；第二部分是工作中需要的心理过程，回答在工作中需要进行哪些推理、决策、计划和信息处理活动的问题；第三部分识别工作的“产出”，回答工作要完成哪些体力活动和使用哪些机器、工具和设施的问题；最后三部分考虑工作与其他人的关系、完成工作的自然和社会环境以及其他的工作特征。在应用这种方法时，工作分析人员要对以下各个方面给出一个 6 分制的主观评分：使用程度、时间长短、重要性、发生的可能性、对各个工作部门及部门内部的各个单元的适用性。

2. 管理岗位描述问卷法

在分析管理者的工作时需要注意以下两个特殊问题：一是管理者经常试图使他们工作的内容适应自己的管理风格，而不是使自己去适应承担的管理工作。在使用访谈法时，他们总是描述自己实际做的，而忘了自己应该做的。二是管理工作具有非程序化的特点，经常随着时间的变化而变化，因此，需要考察的时间比较长。一般分析管理人员的工作应该使用调查问卷方法，包括从行为的角度进行分析的管理行为调查问卷和从任务的角度进行分析的管理任务调查问卷。管理岗位描述问卷由管理人员自己填写，也是采用 6 分制对每个项目进行评分，这些类别包括：

（1）产品、市场和财务战略计划，指的是进行思考并制订计划以实现业务的长期增长和企业的稳定。

（2）与组织其他部门和人事管理工作的协调，指的是管理人员对自己没有直接控制权的员工个人和团队活动的协调。

（3）内部业务控制，指的是检查与控制企业的财务、人事和其他资源。

（4）产品和服务责任，指的是控制产品和服务的技术方面以保证生产的及时性并保证质量。

（5）公共与客户关系，指的是通过与人们直接接触的办法来维护企业在用户和公众中间的名誉。

（6）高层次的咨询指导，指的是发挥技术水平来解决企业中出现的特殊问题。

（7）行动的自主性，指的是在几乎没有直接监督的情况下开展工作。

（8）财务审批权，指的是批准企业大额的财务投入。

（9）雇员服务，指的是提供诸如寻找事实和为上级保持记录这样的雇员服务。

（10）监督，指的是通过与下属员工面对面的交流来计划、组织和控制这些人的工作。

（11）复杂性和压力，指的是在很大的压力下工作以在规定的时间内完成所要求的工作任务。

（12）重要财务责任，指的是制定对企业的绩效构成直接影响的大规模的财务投资决策和其他财务决策。

（13）广泛的人事责任，指的是从事企业中对人力资源管理和影响员工的其他政策具有重大责任的活动。

在应用管理岗位描述问卷法时，工作分析人员以上述每一种要素为基础来分析和评价管理工作。

3. 功能性工作分析法

功能性工作分析法所依据的假设是每一种工作的功能都反映在它与资料、人和事三项要素的关系上，故可由此对各项工作进行评估。在各项要素中，各类基本功能都有其重要性的等级，数值越小，代表的等级越高，数值越大，代表的等级越低。采用这种方法进行工作分析时，各项工作都会得出数值，据此可以决定薪酬和待遇标准。

第三节　工作设计与工作环境优化

一、工作设计的理论与岗位优化

（一）工作设计的理论基础

1. 科学管理思想

科学管理思想强调通过细致的专业化分工、明确具体的职责描述、严格的监督与控制、与业绩直接联系的报酬系统来进行工作系统的设计，以达到提高产品质量、加快生产速度、降低工作成本、节约时间、提高工效的目的。这种方式虽然能够明显地提高组织运作效率，但员工通常被局限于一个简单重复、技术要求低、长期稳定的岗位上，同时，接受管理部门严格的管理与控制，虽然有一定的工资激励，但最终会使员工产生厌恶情绪，导致旷工、辞职及劳资关系紧张，并造成经济上的损失和员工身心健康水平的下降。

2. 双因素理论

双因素理论把工作中影响满意感的因素分为两类：一方面，人们在工作中的高满意感是由工作本身的内在因素决定的，这类因素可称为激励因素，包括工作认知、成就感、责任、工作时的进步和个人能力的发挥等；另一方面，工作中不满意的结果是由工作中的外在因素引起的，这类因素可称为保健因素，包括企业的福利政策、管理方式、上下级关系、工作报酬与工作环境条件等。

双因素理论认为，这两类因素的性质和作用各有不同，只有激励因素才能真正调动工作积极性，从而提高工作效率，保健因素并不能使人真正获得满足，它没有激励作用，但能防止不满情绪的产生。根据双因素理论，只有当激励因素被设计到工作活动之中，才能在工作中有效地激发员工的工作动机，仅仅在保健因素上进行修补改善无助于工作动机的激发和绩效的提高。双因素理论直接推动了现代工作设计的发展，许多企业应用双因素理论的思想进行新工作系统的设计，并取得了很大成功。

3. 工作特征理论

以双因素理论为基础提出的工作特征理论对现代工作设计具有直接的指导作用。工作特征理论认为，体现在具体工作体系中的客观工作特征是影响员工工作行为的重要因素，通过对工作特征的改进，可以为员工创设出某种高内在工作动机水平的工作情景。从哈克曼提出的工作特征模型中可见，如果工人在工作时能够体验到工作所具有的意义，意识到一种个人的工作责任感，同时又能够充分了解到工作的结果，则他们的工作动机将得到内在激励，并产生更好的绩效。

意义感、责任感与工作状况的认知是影响工作行为的三种关键工作心理状态，它们主要受以下五种客观工作特征的影响：①技能多样化，指完成一项工作任务所需具备的多种技能与知识的程度；②任务完整性，指工作任务的整体性程度，如任务有始有终，并有明确可见的结果；③任务重要性，指该项工作任务对组织内外其他人的工作或生活产生影响的程度；④工作自主性，指个人能够自主安排工作程序、方法等方面的程度；⑤工作结果的反馈，指个人获得有关自我工作状况的信息的程度。当工作技能多样化、任务完整性与重要性程度都比较高时，员工将体验到工作所具有的意义，工作自主性较高将增强员工的责任感，明确的信息反馈将有助于员工更为清楚地了解工作状况与结果。由此，可将上述五种工作特征加以综合，形成一个“激励潜在分数”作为工作特征的指标。

依据工作特征理论进行的工作设计，主要用于那些缺乏激励、满意感较低的工作系统的重新构造，具体做法有以下几种：

第一，多项工作合并，把割裂开的工作进行组合，形成较大的工作单元，以提高任务完整性与技能多样化。

第二，形成自然的工作单元，按工作类型、顾客群体、地理位置等形成自然的工作单元，使工作具有内在的逻辑联系与整体性，以提高任务的完整性与重要性。

第三，建立客户联系，让员工与客户建立直接联系，使员工有机会直接获取用户信息，以提高工作自主性、技能多样化和反馈程度。

第四，增加纵向自由度，把原来由上级控制的权力与职责下放，增强员工在工作活动方面的自由度，以提高工作自主性。

第五，开辟反馈渠道，为员工提供更多的反馈渠道，帮助他们及时准确地了解自己的工作状况与结果。

同时，应注意对原有工作系统进行详细的调查、诊断和评估，从而有针对性地做出工作设计。许多研究已经表明，如果某项工作依据工作特征理论重新设计，并在上述工作特征上得到改进，则可以预料工作人员的工作满意感、动机和绩效将随之提高，特别是对于那些有良好工作知识和工作技能的员工，以及那些成长需要与成就需要相对较强的员工来说，具有更大的工作行为改变作用。

（二）工作设计的形式

为有效地进行工作设计，工作人员必须全面了解工作的当前状态（由工作分析达到该目的），以及该工作在整个企业工作流程中的位置或地位（由工作流程分析把握）。工作设计的常见形式如下：

1. 工作轮换

工作轮换是指员工在不同时间阶段、不同岗位之间进行轮换的过程。工作轮换的好处在于：给员工更多的发展机会，让其感受到工作的新鲜感和工作的刺激；使员工掌握更多的技能，即技能多样性；增进不同工作之间员工的理解，提高协作效率。

2. 工作丰富化

工作丰富化，也称工作垂直延伸，通过更多更有意义的任务和责任，使员工得到工作本身的激励和成就感，以增加其自主性和责任，提高工作价值。垂直工作丰富化也可通过员工组织成团队，并给予这些团队更大的自我管理权力实现。

3. 工作扩大化

工作扩大化是指通过扩大需要完成的不同工作任务的数量来扩大工作范围。工作横向延伸的目的在于向员工提供更多的工作，即让其完成更多的工作量。当员工对某项工作更加熟练时，提高其工作量，同时，相应提高其待遇，会让员工感到更加充实。补充工作内容则必须给员工赋予更多的责任，增加责任意味着赋予员工更大的工作自主权，包括做决定和对工作实施更多的自我控制。

4. 员工为中心的工作再设计

以员工为中心的工作再设计是一个将组织的战略、使命与员工对工作的满意程度相结合的工作设计方法。在工作设计中，员工可以提出对工作进行某种改变的建议，以便他们的工作更让人满意，但是他们还必须说明这些改变是如何更有利于实现整体目标的。

（三）工作说明书的编写

工作说明书是根据某项工作的物质和环境特点，对工作人员所必须具备的任职资格的详细说明。它是对工作分析结果（工作描述、工作规范）的整合，是具有组织法规效果的正式书面文件，也是人力资源管理活动的基本依据。

工作说明书的编写无固定模式，主要根据企业工作分析的特点、目的与要求具体确定编写的条目。一般包括以下内容：

第一，工作标识。工作标识包括工作名称、工作编号、直接上级、所属部门、工资等级、工资标准、所辖人数、工作性质、工作地点、工作分析日期、岗位分析人等。

第二，工作概要。工作概要是对工作总体职责、性质的概括描述，说明岗位工作的中心任务内容，并逐项说明岗位工作活动的内容、活动的权限及执行的依据等。

第三，工作任务。工作任务是工作描述的主体，逐条指明工作的主要职责、工作任务、工作权限及工作结果（工作的绩效标准）等。为使信息最大化，工作职责应在时间和重要性方面实行优化，指出每项职责的分量或价值。

第四，工作条件。工作条件主要包括任职者主要应用的设备名称和运用资料的形式。工作环境包括工作场所的条件、工作环境的危险性、工作的时间、工作的均衡性（是否有集中特别繁忙或特别闲暇的时间）等。

第五，工作关系。工作关系又称“工作联系”，指任职者与组织内外其他人之间的关系。工作关系分内部关系和外部关系，包括工作受谁监督，可晋升的职位、可转换的职位以及可迁移至此的职位，与哪些部门的职位发生联系，等等。

第六，工作规范。工作规范的内容主要包括显性任职资格与隐性任职资格。①显性任职资格包括年龄、性别、学历、工作经验、健康状况、力量与体力、运动的灵活性、感觉器官的灵敏度等；②隐性任职资格包括观察能力、集中能力、记忆能力、理解能力、学习能力、解决问题能力、创造性、数学计算能力、语言表达能力、决策能力、交际能力、性格、气质、兴趣、爱好、态度、事业心、合作性、领导能力等。

第七，绩效标准。绩效标准是指企业期望员工在执行工作说明书中的每一项任务时应达到的标准或要求。

（四）工作岗位设计

工作岗位设计是在工作分析的基础上，研究和分析如何做工作以促进组织目标的实现以及如何使员工在工作中得到满意以调动员工的工作积极性。工作岗位设计要满足两个目标：一是生产率和质量的目标；二是工作安全、有激励性，使工人有满意感的目标。设计良好的工作岗位，既可以促进员工积极进取，在实现自我价值的同时帮助组织实现目标，又可以达到提高生产效率、降低成本、缩短生产周期的目的。

1. 工作岗位设计的原则

工作是客观存在的，岗位应以“事”和“物”为中心设置，而非“因人设事、因人设岗”。企业的生产任务和经营管理活动决定了“需要多少岗位”“需要什么样的岗位”。

（1）明确目标任务的原则。工作岗位的设计要以企业战略、目标和任务为主要依据。岗位的存在是为了实现特定的任务和目标，岗位的增加、调整和合并都必须以有利于实现工作目标为衡量标准。所以，在工作岗位设计中，首先应明确所属单位的总目标是什么，每个岗位的目标又是什么，并且力图使岗位目标具体化、清晰化，并使岗位的设置与承担的任务量相对应。这就要求企业广泛地推行系统化、科学化的目标管理，以杜绝岗位重叠、人浮于事、效率低下等问题的存在。

（2）合理分工协作的原则。劳动分工是在科学分解生产过程基础上的劳动专业化，使企业员工从事不同但又相互联系的工作。劳动协作是采用适当的形式，将局部协作的劳动联系在一起，共同完成某项整体性的工作。

基于劳动分工的工作岗位设计，不仅有利于员工发挥各自的技术专长，提高专业技能含量，也可以明确岗位的工作职责，在分工明确的情况下主动地开展工作。岗位设计应充分考虑劳动协作的客观要求，明确岗位与岗位之间的协作关系。分工是协作的前提，协作是分工的结果。岗位之间只有通过紧密的协作，才能进一步发挥集体的智慧和团队的力量，从而创造出更高的劳动生产力。

（3）责权利相对应的原则。在进行工作岗位设计时，首先要明确每一岗位的责任、权限和利益。岗位责任是任职者应尽的义务，岗位权限是岗位员工应有的对各种资源支配、使用和调动的权力，以保证岗位运行顺畅，利益是驱使岗位员工更好地完成任务的动力。组织必须切实保证岗位的义务、权力与利益的对应性和一致性：不受责任制约的权力和利益，必然导致滥用权利，利益膨胀，滋生腐败；而不授予任职者足够的权力和利益，仅强调岗位责任，则难以保障岗位工作任务的完成和预期目标的实现。

（4）专业分工的原则。专业分工追求知识深度与市场经验的积累，在此原则下的岗位设置是对组织细分的过程，岗位成为组织中自成体系、职责独立的最小业务工作单元。关于组织细分，目前，有流程优先与职能优先两种观点。部门是一级流程分解的结果，是企业内部价值链具有一定使命的独立环节，而岗位是对部门，即一级流程分解下某一个模块的再分解。因此，在专业分工原则下，部门岗位设计的第一步是工作内容细分，表现形式为岗位最小化。

（5）协调费用最小的原则。协调费用最小是指为减少不同岗位之间的协调和运作成本，通过工作关系分析和工作定量分析来实现工作岗位的设计。工作关系分析是对最小业务活动之间的工作相关性进行分析，确定适用的优化组合方案，通过对工作岗位、部门的相关性分析，使组织发挥系统和平衡的功能，达到分工合理、简洁高效和工作畅顺的目的。工作定量分析则是在工作量不饱满的情况下，对职能细分或流程被分割的岗位予以撤岗或并岗，以保证每一个岗位的工作负荷，使所有工作尽可能集中，并降低人工成本。

（6）不相容职务分离的原则。不相容职务分离的原则的核心是内部牵制，是指一人不能完全支配账户，另一个人也不能独立地加以控制的制度。不相容职务是指那些如果由一个人担任，既可能发生错误和舞弊行为，又可能掩盖其错误和弊端行为的职务。基于不相容职务分离原则的岗位设置需要在岗位间进行明确的职责权限划分，确保不相容岗位相互分离、制约和监督。企业经营活动中的授权、签发、核准、执行和记录等工作步骤必须由相对独立的人员或部门分别实施或执行。

2. 工作岗位设计的内容

工作岗位设计是为了有效组织生产劳动过程，通过确定一个组织内的个人或小组的工作内容来实现工作的协调和确保任务的完成。工作岗位设计的目标是通过建立工作结构来满足组织及其技术的需要，满足工作者的个人心理需求。工作岗位设计的主要内容如下：

（1）岗位工作的满负荷。岗位设计的基本原则是使有限的劳动时间得到充分利用和使岗位的工作量饱满。若工作岗位长期低负荷运转，必然会造成人力、物力和财力的浪费；但若工作岗位超负荷运转，虽然能带来一定的较高效率和效益，但这种效率和效益不仅不能维持长久，容易对员工产生某种伤害，影响员工的身心健康，也会使生产设备、工位器具等生产资料得不到正常的维护和保养，造成设备器具过度使用、超常磨损。总之，在岗位设计的过程中，设计者应当重视对岗位任务量的分析，设计出先进合理的岗位劳动定员定额标准，切实保证岗位工作的满负荷。

（2）岗位的工时制度。岗位工时制度是岗位设计不可忽视的一个重要方面，做好工时工作制度的设计具有双重意义。对企业来说，它影响工时利用的状况、劳动生产率以及整体的经济效益；对员工来说，它体现为以人为本，科学合理地安排员工的工作轮班和作业时间，切实保证劳动者的身心健康，使他们始终保持良好的精神状态。

（3）劳动环境的优化。劳动环境的优化是指利用现代科学技术，改善劳动环境中的各种因素，使之与劳动者的生理心理特点相适应，建立起"人—机—环境"的最优化系统。

劳动环境优化应考虑两方面的因素：一是影响劳动环境的物质因素，包括工作地的组织、照明与色彩、设备仪表和操纵器的配置。对物质因素的优化既能方便工人操作，又能保证环境安全卫生，使工人心情舒畅、工效提高。二是影响劳动环境的自然因素，包括空气、温度、湿度、噪声及绿化等因素。

以上三个方面的岗位设计，不仅为组织的人力资源管理提供了依据，保证了事（岗位）得其人、人尽其才、人事相宜，也优化了人力资源的配置，为员工发挥自身能力和提高工作效率提供了有效的管理环境基础。

3. 工作岗位设计的方法

（1）程序分析。程序分析是以生产过程中的作业、运输及检验等环节为对象，通过对生产程序中的每项作业和运输进行比较和分析，剔除不合理的部分，重新合理地安排生产程序，将人力、物力的耗费降到最低限度，以提高岗位工作效率的综合方法。它具体采用以下分析工具：

第一，作业程序图（操作流程图）。作业程序图是分析生产程序的工具之一，它是显示产品在加工制作过程中的各个作业程序以及保证效果的检验程序的图表。作业程序图能全面显示生产过程中的原料投入、检验及全部作业的顺序，能反映整个生产工作程序的概貌和程序中各作业相互间的关系，让研究人员更容易发现问题。

第二，流程程序图（流程图）。流程程序图是分析生产程序的另一种工具，它是显示产品在加工过程中，操作、检验、运输、延迟、储存等全部子过程的图表。由于它比操作程序图更具体、更详细，因此常被用于分析研究某种产品、某一零部件或一项工作任务的加工制作过程。流程程序图可以揭示整个流程中工时损失和浪费的情况，为减少各种事项发生的次数、消除不必要的人力耗费和工时损失、缩短运输的距离和时间、提高工效提供依据。流程程序图按照表示方式的不同，可分为用于分析单一物料流程的单柱型流程图和通常被用于分析零部件装配或多种物料流程的多栏型流程图。

第三，线图（流程图）。线图又称“流线图”，即用平面图或立体图来显示产品加工制作的全过程。流线图的绘制应按比例将工厂、车间、工作地点、机器设备、工位器具的布置情况如实地反映出来，然后用线条和符号说明物料的整个流程。由于流线图充分揭示了产品的实际制作过程，能清晰地显示出物料流动的轨迹，因此，它成为减少工时消耗、改善工作地布置、进行程序分析的基本手段。特别是将线图与流程图作业程序图结合在一起使用，工作效果更明显。

以上三种分析工具主要侧重于对产品制造过程中操作、检验、运输等事项的分析研究，以宏观的物料流程为对象。

（2）动作研究。动作研究是运用目视观察或者影片、摄像机等技术设备，将岗位员工的作业分解成若干作业要素，必要时将要素再细分成一系列动素的分析工具。

现在一般有 17 项动素，包括伸手、握取、移物、装配、应用、拆卸、放手、检验、寻找、选择、计划、对准、预对、持住、休息、迟延、故延。根据动作经济原理，若发现其中不合理的部分则加以改进，设计出新的、合理的、以作业结构为基础的操作程序，从而改善员工的操作水平，使员工工作更有效、更快捷，省时省力。

二、工作环境

工作环境是指从业者在其工作单位中，从主观上所感受到的一种工作氛围与工作状态。“工作环境是指人们在组织中所感受到的一种工作氛围与工作状态，这种感受对其在组织中的行为会产生重要影响。”① 工作环境作为组织员工行为的结构性因素，在影响与推动组织的发展方面发挥着重要的协调和规范作用。良好的工作环境，既能造就有质量的工作，也是一个社会高质量发展的前提。一个高质量发展的中国，既需要创新劳动者的工作环境，也需要提高劳动者的工作质量，这是当今中国社会发展的重要基础。也正是在此

① 张彦，李汉林. 治理视角下的组织工作环境：一个分析性框架［J］. 中国社会科学，2020（08）：87.

意义上，作为衡量社会福祉的关键指标，我们应当在学术研究中关注工作环境和工作质量，并把它们作为研究社会发展的重要范畴来推动。

（一）工作环境的理论

1. 需求层次理论

需求层次理论，又可以称为基本需求层次理论，不仅包括五种层次的需求，也有审美需求和工作要求。对于需求层次理论来说，它的基本出发点有两个，一是如果有很多还没有达到满足的需求，则需要判断哪个是最迫切的需求，先满足它之后，而后的需求的激励作用才能够显示出来；二是任何人都会有需求，一层需求出现的前提是必须在满足前一层需求之后。

根据需求层次理论来说，通常情况下，一旦基本满足了某一层次的需求之后，最主要的需求将完成转变，而该层次的需求将不会再产生太大的激励效果，而下一层次的需求能够产生更有力的激励效果。需求可以分为低层次与高层次的需求，通常情况下，较低层次的需求是可以通过外部因素得到满足的需求，一般是生理、社会及安全的需求等；而较高层次的需求是指只有通过人员自身的发展才能够得到满足的需求，例如尊重、自我实现的需求等，像尊重与自我实现这样的需求是没有止境的，具有持续性。就人本身的需求而言，一般情况下，都是在某一个时期某一个层次的需求占据主导地位，接着出现多种需求同时存在。能够对人的行为产生最为直接的影响的需求就是占主导位置的需求。低层次的需求是会一直存在的，即使是更高层次的需求出现了，低层次的需求也只是对人之行为的影响能力变弱，并不会消失。

五层需求的内容划分：

第一，生理的需求。用来保证人类生存的需求，也就是最低的需求，即为生理需求，如食物、水、呼吸、睡眠、分泌及生理平衡等。人们行动的最主要的因素就是生理需求，这是因为如果人们的任何一项生理需求得不到满足，就有可能威胁到人类的生命，也就是会影响到人类的生理机能。

第二，安全的需求。人类自身的感官自主产生的强烈的安全需要就是安全需求。

第三，社会的需求。人们都希望在社会中能够寻求其他人相互之间的照顾和关怀，所以社会需求主要包括爱情、亲情、友情等。社会需求与人类自身的经历、生理特点、教育及信仰等因素紧密相关，与此同时，在与生理、安全需求相比，社会需求更加注重人的主观感知和内心的感受。

第四，尊重的需要。尊重的整体需求，包括外部和内部两种尊重。具体可分为自信、尊重自己和他人的尊重和重视、个人成就和对他人的尊重。一般来说，外部需求的尊重，希望获得较高的社会地位和荣誉，尊重他人，并得到了社会的认可等。内部需求是指尊重人的自我尊重，那就是社会希望他们的坚强、自信、能干和独立。

第五，自我实现的需要。自我实现需求是需求的最高水平，主要是指意识、公正度、道德、创造力，以及能够接受的现实和解决问题的能力。自我实现是，人们希望能够自身被社会接纳，自律、自省、自信三元合一的价值观。换句话说，只要是做到了适合自己做的本职工作，在自我心理上就能够得到最大的满足。另外，自我实现的需求是使自己变成自己希望成为的人，不断努力发掘自身的潜力。

2. 职业人格理论

职业人格—工作环境理论，是人职匹配理论体系下的集大成者。该理论的核心观点为人承认每个人个性结构存在的差异，人们要根据自己的个性特征找到合适自身个性发展的职业，从而实现人职匹配。

职业人格—工作环境理论是一套完备的职业理论体系，它有如下经典推论：①大多数人可以分为六种类型：现实、研究、艺术、社会、企业和事务类型；②社会工作环境也可以相应地分为上述六种类型；③人都在追求某类能充分展示个人技能与价值的工作环境，在这种环境之下，个人能够充分施展自己的才华，能完美地解决问题，扮演好自身的角色；④人的行为是由个性与环境的相互作用决定。因此，将人格和工作环境分为六种类型，并详细描述了相应的这六种职业：对规则和技能的行业的人实际的类型，如一个特定的工作疲于应对人际关系，具体表现为注意力的事务，不喜欢抽象的，模棱两可的，社会的职业环境；研究型的人抽象逻辑思维能力强，更加偏好喜欢科研等智力型的工作；艺术的人渴望自我表现，富有想象力，偏向于选择创造性强的工作，并且有意识回避事务型的职业环境；社交型的人才倾向于社区服务类工作，他们具有人际交往的工作需要，关心时事政治和人际来往；企业型的人才大多性格活泼开朗、有进取心，适合从事管理和销售类工作，高度重视权力与成就；事务型的人喜好结构性强、条理井然的工作，这类人才适合从事公务或文书事务员之类的工作，他们极力回避抽象、艺术类的职业环境，认为自己具有强大的文笔与数学运算能力，看重商业上的辉煌成就。

（二）工作环境的框架

社会治理主要强调在一个社会中的各个不同行动主体，通过合作、协商与沟通等形式和途径，依照法律来对社会组织和社会生活进行引导和规范，推动在特定组织中社会秩序的建构，最终实现不同行动主体公共利益最大化。所以，从治理的角度切入来观察组织中的工作环境，需要观察与分析以下六方面的状况：

1. 组织中的社会团结

在个人和社会之间，组织是一个至关重要的中介，因为个体首先是社会组织的成员，然后通过组织，间接整合到社区和社会中。在社会治理和社会冲突的管控中，各级、各类组织具有放大、缓冲和消弭社会冲突、巩固社会团结的三种潜功能。组织内部的社会冲突和潜在紧张，可以在组织团结机制下得到解决，这样，有一些社会冲突就被消灭在萌芽状态。可见，组织团结既是建构良好工作环境的必要前提，也是建构社会整体团结的中观基础。如果我们能够科学地理解一个组织的团结机制、条件和过程，那么，我们创建一个和谐与团结社会的任务，就具备了更多的知识储备。

在组织学中，社会团结是指成员间的凝聚力或向心力，既反映组织成员对组织的主观感受和认同状态，也反映组织成员之间的整合程度，它是组织工作环境的重要基础。作为一种组织属性，社会团结总是会嵌入组织成员作为行动主体的主观感受中去，或者说，这种组织属性往往会通过组织成员的主观感受体现出来。因此，我们可以从以下三个方面来分析组织中的社会团结。

（1）组织中的社会团结是一个复杂概念，具有凝聚力和脆弱性这两个不同的维度。组织的凝聚力是指组织激励其成员形成组织认同以实现组织目标的行动力，组织的脆弱性是指组织在环境压力下保持自身完整性的能力。

作为一种制度化、流程化、常规化的集体行为，组织需要个体的组织认同，并在组织社会化的过程中形成集体意识，将组织内部的规范和规则内化，表现为组织内部的公民行为，化零散的个体为组织中的有机部分，附着在职位和岗位上，创造性地履职尽责。组织中的社会团结水平是这两个维度的累加，大体反映了一个组织在顺境和逆境的生存和发展能力。在测量上，组织凝聚力可以从社会支持、垂直整合和组织认同三个方面来测量，组织的脆弱性则可以从不满意度、相对剥夺感以及失范三个方面来考察。

（2）考察组织中的制度安排和社会团结之间的关系。组织的制度安排，既可以是所有制结构，也可以是具体的行为规则。理论上，组织制度是个体组织行为的文化模板，它能在一些根本的组织问题上，给组织成员提供稳定的、被认可、可重复的职务行为指南，并以此为条件，影响组织中社会团结程度，进而影响整个组织中的工作环境状况。团结作为组织的根本规定性所致力于形成的是组织中人际关系和谐的秩序，在组织中引入治理的概念，其实质是对传统管理概念的修正，旨在用秩序和团结取代权力和利益，并以此作为组织的内部规定性来影响组织的行为，影响组织中的工作环境。

（3）通过组织成员的参与水平来研判组织中的社会团结。事实上，组织成员对本组织中各种事务的关心、思考和投入，是他们组织认同的反映，这从一个侧面也折射出组织中社会团结的水平。

总之，只有深入理解组织中的社会团结，我们才能在推动组织变革的时候，充分考虑组织中的制度、文化对个体的组织行为的影响，利用个体行为的嵌入性和惯性，因势利导，减少变革阻力，提高组织绩效，从根本上优化组织中的工作环境。

2. 组织中的冲突与整合

组织中良好工作环境的重要基础之一，是组织成员间和谐及有效率的行为互动。在一定意义上，一个组织中的管理就是努力地整合不同组织成员的利益与期望，使之能够最大限度地和组织的期望及利益结合在一起，形成一种在组织中双赢的局面，营造出一个良好的工作环境。个人参与组织，总是对自己在组织中的发展，自己的收入、职业发展及其他利益的实现抱有一个良好的愿望与预期。而组织作为一个重要的行为主体，也同样对组织中成员的行为抱有一定的期望、要求和约束。当个人期望与组织期望通过管理这个媒介有效地整合在一起的时候，一个组织的效率就会得到提高，积极向上的组织氛围就会形成，人们在组织中就会感受到身心愉快、相互团结和相互激励的情绪。

在一般意义上，一个组织中的整合可以通过五个因素的相互作用而逐步实现：①共享的意义和价值体系，有助于降低人们的认同分歧，减少协调成本，增强人们的社会共识；②行为规范，人们通过社会化实践，学习这些对行为设置的限制来约束自己的行为以适应组织与社会，满足期待；③权力与权威，通过对组织中权力与权威的承认与服从，以期在组织成员分歧加剧、冲突激烈时尽可能达到行为的一致性；④组织本身，即通过这种制度化的载体努力增强成员之间的互动，逐步形成分工性依赖，通过合作而彼此连接；⑤社会互动网络，通过由此提供的信任、安全、合作等社会资本，努力促进广泛的团结与内聚。

在一个组织中要避免冲突，实现整合，关键是在制度上有一种情绪的宣泄机制，或者说安全阀机制，使组织成员的负面情绪能够得到宣泄，通过各种正式或非正式的途径，让人们表达利益诉求。同时，组织的管理层能够对各种利益诉求做出合理的解释和恰当的反应。在这里，一方面情绪宣泄机制的制度安排，能够使人们在组织中有秩序地表达和实现利益以及利益的整合，逐步达到化解矛盾，促进组织团结的目的，使人们能够心情舒畅地为实现自己和组织的目标而努力工作，在提高工作质量的过程中营造出良好的工作环境，实现组织的治理。另一方面，组织成员的积极参与能够起到重要的作用：通过制度渠道让组织成员了解更多信息，使得上下能够相互理解，有效沟通。在一些诸如工资、待遇、福利、提职提薪等关乎组织成员切身利益的重大问题上，通过员工的有效参与，能够起到避免冲突，提高整合、营造良好工作环境的重要作用。

3. 组织中的员工参与

在社会学的意义上，组织中的员工参与主要是指组织成员通过在组织中一系列的利益表达、综合和实现的过程，参与组织中的事务，保障自身的权益，并在这个过程中不断加强对组织的认同感和满意度。与此同时，通过员工在组织中的积极参与，其组织中的工作环境的优化与质量得以提高。

从员工的角度来看，组织中员工参与的重要性来自它顺应了下列五个趋势：①组织治理结构的日益复杂化、人力资源需求的多元化趋势。②组织以人为本的趋势，例如，现代企业制度规定，企业职工是组织治理的主体。③以项目合作为形式的日益强化的分工与协作的趋势。④员工的自我发展日益成为组织的无形资产、创新源泉的趋势。只有具创新能力的组织成员，才能有力推动组织的可持续发展。⑤组织文化、意识形态、文化价值高度同构的趋势。在此过程中，员工参与首先来自政府机关、法律机构等统一制度的推动和要求，如职工代表大会制度的推行、工会组织的确立等，都是组织必须履行的社会责任。

组织成员不只是统治和管理的被动受体，更是治理可资动员的积极行动者，治理是在固化的法定占有关系下更为灵活的组织方式，主要是双向的互动、影响、调适和制约，而且更像是一种经过参与、协商、选择和决策的动态过程而建立的社会关系。此外，组织成员是组织生存和发展的根本动力，组织的稳定与发展需要通过其成员制度的创新来实现。

在这里，一个有效率组织制度的核心是就业、保障和发展，这种制度的实现机制就是参与。事实上，只有将组织理解为一个社会共同体，激活其社会属性时，参与才是一个真正有意义的机制，一个组织中工作环境的改善才能从根本上得以实现。因为从根本上说，只有当员工视组织为“家”的时候，他们才会不由自主地逐渐产生抗拒个体化的行为；与此同时，他们更愿意在那些不断产生归属感、产生共识的组织中凝聚到一起，更愿意在那些具有良好的组织文化与组织环境的条件下工作在一起。而要达成这样的结果，就需要一个社会动员过程，动员员工参与到共同行动中来，通过参与而找到对组织的认同、对工作的热情、对彼此共同利益的确认和保护的渠道。也正是在这样的一种状况下，才能从根本上构成一个组织的社会基础。另外，组织内部的充分（团结）合作是在不断地调节其内部的社会关系，解决成员之间、成员与管理者之间等诸方面冲突的过程中来实现的。而且，这样的一种机制表现为组织治理，或者说是通过组织治理来实现的。而治理的核心要素，就是组织成员的积极参与，唯有如此，才可能成为改善一个组织中工作环境的重要前提与条件。

4. 组织中的保护与包容

社会保护、社会保障和社会福利是三个内涵不同，但常常被混淆的学术概念。在本书中，社会保护是指社会对一些处于险境中的个体或群体给予必需的资源以规避风险、保障自身安全的制度或结构安排。

一个组织要营造一种良好的工作环境，最重要的是要调动组织成员的工作积极性，让他们能够自觉地为组织与自己去努力工作与创造，使他们在工作与创造的过程中深刻体验成就与获得感，体验个人价值的实现以及能够不断地加深对其组织的认同。而要实现这一目标，最重要的一个条件就是组织的包容。具体来说，就是组织要有能力认可组织成员在组织中的期望，承认组织成员在组织中能力上的差异，鼓励与激励不同层次的员工尽自己能力在工作中的创造，从而使每一个组织成员能够通过组织中的这种包容以及自己的奋斗实现个人价值在组织中的最大化，通过个人的努力能够共享组织发展的成果。在此过程中，组织才能够得到长足发展。

良好的工作环境，同时也需要强化对组织成员的保护。相对于组织而言，其成员始终处于一种弱势的地位。在组织中如果失去或不重视对组织成员的保护，那么长此以往，组织中就会充满马太效应与丛林法则，组织中的弱者则可能在这个过程中被剥夺一切。如果组织不能公正地用其合法的道德、权利与奖罚机制来对待其成员，那么，组织成员的选择很可能是隐忍、消极怠工、反抗或者离职，一个良好的工作环境也会因此受到极大破坏。

关于组织中的社会保护，可以从两个方面来观察。一是要保护组织成员在工作中的积极性，使他们在组织中有激情工作，有能力创造，有机会参与，有渠道表达，有机制激励，使他们在工作过程中能够不断体验正面、积极的良好工作环境的感受。二是对组织成员在工作与劳动过程中身心健康等方面的保护。很难想象，在此方面对组织成员保护的疏忽能够长久地激发其在工作劳动中的积极性，从而使他们能够对组织中的工作环境有一种正面体验。

5. 组织成员的角色结构与互动

在一个组织中，组织成员被赋予了各种不同的位置和角色，完成不同的工作任务，在不同位置的相互作用、配合和协调下，实现组织的目标，同时，实现自己的职业期望。理解组织中的角色与角色结构，对于更好地理解组织成员的行为及过程，提高管理的效益，优化组织中的工作环境，实现组织的目标，具有重要的意义。

在分析组织中的角色结构与互动状况时，可以从四个方面来观察：

（1）分析角色的定义。人们说要做好本职工作，要明确自己的工作任务与职责范围。有了明确的角色要求，管理者就可以据此来规范、考核与评估组织成员的工作。与此相联系的是角色的期望。从角色定义的角度，角色期望就是要明确行为双方履行角色的义务与责任。当这种角色定义与期望在一个组织中被明确时，人们就可以各司其职，明确自己在组织中的定位，知道做什么和怎么做以及如何努力。特别是当组织中这种非正式的角色期望也能够同时实现时，在一个组织中组织成员的行为就会受到很好的激励，同时，也就能够营造出一种良好的工作环境与氛围。

（2）观察角色的相容性。角色的责任、义务与权利是否一致。换句话说，一个责任较大的角色同时拥有与之相应的荣誉、地位与经济报偿，就表现出了角色较一致的相容性。

（3）分析组织中角色的紧张状况。人们在组织内外同时承担多种角色：上下级关系中领导与被领导角色；平级关系中的同事角色；在组织外所承担的父子、亲友、朋友等角色。在一个良好的工作环境里，组织成员能得到良好的社会支持，正式的和非正式的角色期望都能不同程度地得以实现，能够在组织和同事的帮助鼓励下较好地处理各种角色之间的关系，使之处于一种和谐的状态。反之，角色之间就会发生紧张。角色紧张，会使得组织成员的行为始终处于一种撕裂状态，使组织成员在组织中的工作质量下降、组织中良好的工作环境受到影响。

（4）分析角色的冲突与角色压力。在组织中，角色冲突的先兆表现为组织成员自身所感到的难以承受的角色压力。这种压力来源于自身角色的超负荷，投入与回报不匹配以及角色地位的不一致性。这种角色压力在很多情况下会不可避免地转换成为人们的心理压力和怨气。不少研究表明，当压力和怨气得不到合理宣泄、高压力和高度紧张的角色结构得不到合理的解构和重构时，如果没有一种有效的安全机制来释放这种压力和紧张，那么，随着时间推移，这种压力的积累就会变成组织内的角色冲突，从而在很大的程度上破坏一个组织中良好的工作环境。

6. 组织中的功能与结构

结构是组成一个社会系统的成分与要素，功能则是说明系统中成分和要素之间的关系，表示系统在特定条件下所要达到的目的。结构功能分析是从一个社会系统的结构出发，分析它的各部分和整体的潜功能和显功能，以达成维持系统的目的。为了承担这些显功能和潜功能，系统结构应该做出哪些变化和调整。这种分析方法要求我们分析一个社会系统的基本出发点，就是充分认识到，任何一个社会系统总是在倾向于保持平衡的过程中致力于自我维持。运用这种方法来分析一个社会系统，就是要努力揭示这个社会系统中所具有的正功能与负功能，在不断完善其系统社会功能的过程中，因势利导地保持一个社会系统结构的稳定性。

与此同时，这种分析方法要求人们在分析一个社会系统时，充分顾及它的四个基本社会功能条件，即适应性、目标实现、整合性和系统维持。结构功能主义分析方法最根本的内在规定性就在于，总是从现存的系统结构出发去分析系统的功能，总是要求人们在分析任何一个社会系统时，首先从现存的社会系统结构出发，为更好地完成系统功能做某些结构调整和改良。

对结构功能主义分析方法进行颠覆性改造的是卢曼功能结构主义的分析方法。这种分析方法一反传统的从结构出发来研究系统功能的思维方法，认为要分析一个社会系统，首先不是去搞清楚它的系统结构，而是从环境系统的更大范围里去思考：这一社会系统具备什么功能，才能和其他环境系统平衡与协调起来，同时，也才能发挥社会系统的效益。在这一前提下，再去考虑一些系统结构性变革与调整，以最大限度达到系统目标、发挥系统功能。

功能结构主义的分析方法强调分析过程中要注意社会系统的两个特点，一个是自治性，要求一个社会系统能够针对环境系统需要，独立地按照自己系统的选择标准未加工处理并反馈到环境系统中去；另一个是适应性，要求一个社会系统能够及时根据环境系统的变化和要求调整自己本身的功能与结构，做出灵活的系统反应。

了解组织中的结构与功能状况对一个组织中工作环境的意义在于：通过理解和优化一个组织所应承担的功能，相应地改善组织结构，进而实现组织创新。在这样一个组织功能与结构解构与重构的过程中，使组织中的工作环境得以根本的改善。如果说一个组织中的功能是为了最大限度优化其组织目标的实现，促进组织内外资源的有效整合，提高组织对内对外的适应能力，从而使一个组织能够高效率地运转和维持，那么，组织的结构就应该为实现其功能做一些根本调整，从而使组织的功能与结构处于一种协调发展的稳定状态。

在一个组织中，雇员与雇主是一对最重要的社会关系。一个组织中结构与功能的调整主要也是围绕着规范和影响他们的行为及其行为结构而展开。从根本上来说，雇员与雇主在组织中的行为目的都是为其自身利益最大化。从雇员的角度来说，他们期望通过自身努力不断满足自己在组织中日益增长的需求；有着一些看得见、摸得着、够得上的激励；和同事与领导有着一种相互理解、支持、帮助以及尊重的和谐关系；有能够在组织中发挥才干的平台以及一个良好的工作环境。从雇主的角度来说，他们从根本上期望，有着一种和谐的雇主与雇员的关系，组织的效益能够不断提高，用尽可能少的投入获得尽可能大的产出等。这样的一种期望与需求，恰恰是需要组织结构的有效调整和有效率的组织治理才能实现。比如，通过改善组织中的物理结构环境，给组织成员创造一个温馨的工作环境，让他们在组织中“有家的感觉”；通过调整组织中的制度环境，使制度能够更有效地规范组织成员的行为，使员工之间的协作、支持、帮助、鼓励与良性竞争能够制度化，从而使员工在这样的环境中形成一种对组织的认同感，能够有不断被激励的自我实现的冲动和行为；等等。恰恰是在这样一系列功能与结构的调整过程中，一个良好的工作环境被塑造出来。这种工作环境反过来吸引着更多的成员认同，激励他们上进，提高组织的效益，促进组织的发展，最终形成一种良性的组织发展的循环。

第四节　工作评价的标准与方法

一、工作评价的标准

工作评价是在工作分析的基础上，按照预定的衡量标准，对工作任务的繁简难易程度、责任权限、所需的资格条件，以及劳动环境等方面所进行的测量和评定的过程。它是在对所有职位进行科学分析后，评定组织内各个职位之间相对价值。工作评价指标包括指标名称和指标数值。指标名称概括了事物的性质，指标数值反映了事物的数量特征。一般来说，影响岗位员工工作的因素可以概括为劳动责任、劳动强度、劳动技能、劳动环境，以及社会心理五个要素。工作评价指标是指有关部门对岗位评价的方法、指标及指标体系等方面所做的统一规定。下面我们分别列出上述五个要素的评价指标及分级标准。

（一）劳动责任要素

劳动责任是指岗位在生产过程中的责任，它反映了岗位劳动者智力的付出和心理状态，主要包括以下六点：

第一，质量责任。质量责任指岗位生产活动对质量指标的责任。

第二，产量责任。产量责任指岗位生产活动对产量的责任。

第三，看管责任。看管责任指岗位所看管的设备仪器对整个生产过程的影响。

第四，安全责任。安全责任指岗位对整个生产过程安全的影响。

第五，消耗责任。消耗责任指岗位物资消耗对成本的影响。

第六，管理责任。管理责任指岗位在指导、协调、分配、考核等管理工作上的责任。

（二）劳动技能要素

劳动技能是指岗位在生产过程中对劳动者技术素质方面的要求，它反映了岗位对劳动者智能要求的程度，主要包括以下五点：

第一，技术知识要求。技术知识要求指岗位知识文化水平和技术等级的要求。

第二，操作复杂程度。操作复杂程度指岗位作业复杂程度和掌握操作所需要的时间。

第三，看管设备复杂程度。看管设备复杂程度指岗位操作使用设备的难易程度及看管设备所需经验和水平。

第四，品种质量难易程度。品种质量难易程度指岗位生产的产品品种规格的多少和质量要求水平。

第五，处理预防事故复杂程度。处理预防事故复杂程度指岗位能迅速处理或预防事故所应具备的能力水平。

（三）劳动强度要素

劳动强度是指岗位在生产过程中对劳动者身体的影响，它反映了岗位劳动者的体力消耗和生理、心理紧张程度，主要包括以下五点：

第一，体力劳动强度。体力劳动强度指岗位劳动者体力消耗的程度。

第二，工时利用率。工时利用率指岗位净劳动时间与工作日总时间之比。

第三，劳动疲劳度。劳动疲劳度指岗位劳动者的主要劳动姿势对身体疲劳的影响程度。

第四，劳动紧张程度。劳动紧张程度指岗位劳动者在工作中的生理器官的紧张程度。

第五，工作班制。工作班制指岗位劳动组织安排对劳动者身体的影响。

（四）劳动环境要素

劳动环境是指岗位的劳动卫生状况，它反映了岗位劳动环境中的有害因素对劳动者健康的影响程度，主要包括以下五点：

第一，粉尘危害程度。粉尘危害程度指岗位劳动者健康受生产场所粉尘的影响。

第二，高温危害程度。高温危害程度指岗位劳动者接触生产场所高温对健康的影响程度。

第三，辐射热危害程度。辐射热危害程度指岗位劳动者接触生产场所辐射热对健康的影响程度。

第四，噪声危害程度。噪声危害程度指岗位劳动者接触生产场所噪声对健康的影响程度。

第五，其他有害因素危害程度。其他有害因素危害程度指岗位劳动者接触化学性、物理性等有害因素对健康的影响程度。

（五）劳动心理要素

劳动心理因素是指社会对某类岗位的各种舆论对该类岗位人员在心理上所产生的影响，主要采用人员流向指标来反映。人员流向属于心理因素，它是由于岗位的工作性质和地位对员工在社会心理方面产生的影响而形成人员流动的趋势。

二、工作评价的方法

（一）分类法

分类法是以岗位的责任、技能、知识、职责、工作量，以及工作经历等方面的要求为依据，将组织的各类岗位分别定级，然后将各种级别排列成为一个体系的工作评价方法。分类法适用于组织规模相对适中、岗位类别与数量不太多的中小企业。

分类法的工作步骤如下：

第一，由单位内专门人员组成评定小组，收集有关资料。

第二，按照生产经营过程中各类岗位的作用和特征，将企事业单位的全部岗位分成几个大的系统，每个系统按内部的结构、特点再划分为若干子系统。

第三，将各个系统中的各岗位分成若干层次。

第四，明确规定各档次岗位的工作内容、责任和权限。

第五，明确各系统、各档次（等级）岗位的资格要求。

第六，评定不同系统、不同岗位之间的相对价值和关系。

（二）序列法

序列法是指由评定人员凭着自己的工作经验进行主观判断，按岗位相对价值依次排序的工作评价方法。这是一种最简单的职位评价方法。它将工作岗位作为一个整体来考虑，通过简单的现场写实观察或者对相关岗位的信息比较来操作。序列法适用于组织规模较小、生产产品单一、岗位数量较少的中小企业。

序列法的具体步骤如下：

第一，有关人员组成评定小组，做好准备工作。

第二，了解情况，收集有关岗位方面的资料、数据。

第三，评定人员事先确定评判标准，对本单位同类岗位的重要性逐一做出评判，最重要的排在第一位，再按岗位的重要程度依次往下排列。

第四，首先，将所有评定人员对各岗位的评价结果进行汇总，得到序号和；其次，将序号和除以参加评定人数，得到每一岗位的平均排序数；最后，根据平均排序数的大小，按照评定出的岗位相对价值，由小到大做出排列。

（三）因素比较法

因素比较法是一种量化的工作评价方法。它是按评价因素对选定的标准岗位进行评分定级，制定出标准岗位分级表，把非标准岗位与标准岗位分级表对比并评价相对位置的方法。这种评价方法最大的优点就是可以直接导出所评价岗位的薪资水平。因素比较法适用于掌握了较为详细的市场薪酬调查资料的企业。

因素比较法的具体步骤如下：

第一，选择标准岗位。在因素比较法中，标准岗位的选择是一项既困难又重要的操作，因为评价结果的可靠性是以所选择的标准岗位为依据的。标准岗位必须具备两个条件：一是岗位必须具有代表性，二是在确定的范围内能够准确地给予定义。

第二，根据标准岗位建立等级。在实际采用因素比较法时，标准岗位数量的选取要恰当。如果数量太多，通过该方法对工作岗位进行排列所耗费的时间会很多；如果数量太少，测评结果的误差就会相对较高。一些专家认为，实行因素比较法至少要选择 30 个标准工作岗位。

第三，将标准岗位按照选定的因素进行排列。标准岗位被确定后，对所选定的因素按相对重要程度依次排列，制定出标准工作分级表。排列工作由评定小组的每一个成员分别进行分级，然后将分级结果提交给评定小组作综合分析。

第四，将标准岗位按照选定因素确定工资额。对标准岗位进行排列之后，因素比较法直接对每一岗位确定工资额，即根据每个因素在该工作中的重要程度，按一定比例确定相应的工资值，并据此对工作重新进行排列。

第五，对其他岗位进行排列。将企业中尚未进行评定的其他岗位与现有的已评定完的标准岗位进行对比，如果某岗位的某因素相近，就按相近条件的岗位工资分配计算工资，累计后就是本岗位的工资。

（四）评分法

评分法亦称“因素计点法”。评分法首先选定岗位的主要影响因素，并给予这些要素以不同的权数（分数），然后按预先规定的衡量标准，对现有岗位的各个因素逐一比较、评价，求得点数，经过加权求和，最后得到各个岗位的总点数。该方法必须关注两项内容：一是主要影响因素及其等级确定；二是因素权重值的确定。评分法适用于生产过程复杂、岗位类别数目多的大中型企事业单位。

评分法的具体步骤如下：

第一，确定工作职位评价的主要影响因素。

第二，根据岗位的性质和特征，确定各类工作职位评价的具体项目，无论何种性质的岗位，比较普遍采用的评价项目，一般包括以下几点：①劳动负荷量，即执行任务时的能量代谢率。其衡量标准可参照国家标准。②工作危险性，即该项工作的危险性以及可能造成的伤害程度，或可能引起的职业病。③劳动环境，即本岗位的自然和物质环境因素。其衡量标准为温度、湿度、照明、空气、噪声、振动、通风、色彩等环境监测指标。④脑力劳动紧张疲劳程度，即完成本岗位规定的工作时，人员脑力劳动及精神上的负荷量。其衡量指标为工作单调程度、工作速度和要求的精密度、工作要求的决策反应机敏程度、工作注意力集中程度与持续时间。⑤工作复杂繁简程度。其衡量标准是岗位任务牵涉面的深度和广度。⑥知识水平，即从事本岗位任务所必需的文化基础和理论知识（受教育程度）。其衡量标准为参加各类正规学校学习的时间、学位等。⑦业务知识，即与本岗位有关的、必要的专业知识。其衡量标准为有关的必要知识的广度和深度。⑧熟练程度，即从事本岗位任务所需技能的熟练程度及掌握该技能的困难程度。其衡量标准是一般掌握该项技能以及达到某种水平所需要的时间。⑨工作责任，即从事本岗位任务在管理上以及对物、财所负的责任。其衡量标准为该岗位的职责范围、权限，发生责任事故后的损失程度。⑩监督责任，即从事本岗位任务时对下级的指导及监督考查的责任。其衡量标准为该岗位要求的组织能力、监督责任。

第三，对各评价因素区分出不同级别，并赋予一定的点数（分值）。在各评定项目总点数确定之后，企业可采用等级差数规定本项目各级别的评分标准。

第四，给定加权数。将全部评价项目合并成一个总体，根据各个项目在总体中的地位和重要性，分别给定权数。一般来说，重要项目给以较大权数，次要的项目给以较小的权数。权数的大小应依据组织的实际情况以及各类岗位的性质和特征加以确定，然后计算出各岗位总点数。

第三章 员工的进入与开发

员工是组织开展日常工作的人力资源基础，也是组织获得创新发展动力的主要来源。人力资源管理中员工的进入与开发，也是非常重要的管理工作，关系到组织的未来发展，也关系到员工素质发展。基于此，本章对员工招聘与甄选、员工培训与开发、员工职业生涯管理进行论述。

第一节　员工招聘与甄选

一、员工招聘与甄选的特点

员工招聘与甄选是企业人力资源管理中一个非常重要的环节，它与企业其他的人力资源管理活动之间存在着密切的联系。招聘与甄选的目标包括：恰当的时间、恰当的来源、恰当的成本、恰当的人选、恰当的范围、恰当的信息。

在员工招聘开始之前，组织需要确定工作职位空缺的性质，并在此基础上确定人力资源的需求，包括需求的数量、技术组合、等级和时间要求等。在这一环节上，人力资源计划有助于了解所需要的工作申请人的类型和数量，而工作分析和任务分析则有助于了解所需要的工作行为和申请人的个人特征。

员工招聘与甄选是指组织为了发展的需要，根据人力资源规划和工作分析的数量与质量要求，从组织外部吸收人力资源的过程。其特征如下：①保证企业必需的高质量人力资源；②输入新生力量，弥补企业的供给不足；③注入新的管理思想，增加新的活力；④了解员工的动机与目标，便于整合；⑤扩大企业的知名度；⑥有利于劳动力的合理流动。

二、员工招聘与甄选的意义

新招聘人员的素质犹如制造产品的原材料，将严重影响到今后的培训及使用效果。素质好的新员工，接受培训效果好，很可能成为优秀人才；素质差的新员工，在培训及思想教育方面要投入很多，还不一定能培训成优秀人才。

新补充人员的素质不仅决定着其本人今后的绩效，而且还会影响到组织气氛。招聘和录用工作对企业来说是常年性的。招聘与录用的目标就是保证企业人力资源得到充足的供应，使企业雇员队伍合理，使人力资源得到高效率的配置，从而提高人力资源的效率和产出，同时，增强企业员工的满足感。

人才的竞争，在很大的程度上却是招聘和录用的竞争。因此，企业在重要职位的招募与录用上，必须把好这一关。

一方面，招聘工作直接关系到企业人力资源的形成；另一方面，招聘和录用是人力资源管理中其他工作的基础。企业人力资源管理所包括的各个环节，从招聘、培训、考评、工资福利、劳动关系、奖惩、激励、流动、保护到行为管理，在一定程度上都是以招聘和录用工作为基础的。

三、员工招聘与甄选决策的意义与原则

招聘与甄选决策是指企业中的最高管理层关于重要工作岗位招聘和大量工作岗位招聘的决定过程。

（一）招聘与甄选决策的意义

第一，适应企业的需要。企业要发展一定要使人才流动起来，一定要吸引更多的人才来担任新增的工作。

第二，使招聘更趋合理化、科学化。由于招聘决策影响其他步骤，一旦失误，以后的工作就很难开展。

第三，统一认识。招聘是一件涉及企业未来发展的大事，只有最高管理层观点一致，才能顺利地完成招聘全过程。

第四，激励员工。有些大型企业，在人力资源部下分设员工招聘科，从事日常的招聘工作。但是大量的或重要的员工招聘一般均由最高管理层决定，招聘工作会给现职员工带来一种压力。一方面新进员工会带来新的竞争；另一方面招聘的岗位为员工带来了新的

挑战。

（二）招聘与甄选决策的原则

第一，少而精原则。可招可不招时尽量不招；可少招可多招时尽量少招。招聘来的人一定要充分发挥其作用，企业是创造效益的集合体，不是福利单位。

第二，宁缺毋滥原则。招聘决策时要有“宁缺毋滥”的观念，保证被录用人员具有较高的素质，被录用人员的道德品质、知识技能和身体状况应当符合企业基本要求，并有较好的发展前景，特别要重视品德的要求。例如，世界上许多有名的大企业在招聘新员工时，都把重点放在人品方面，提出应当选拔有远见和思考灵活的人，既要有朝气，又要能求同存异，顾全大局。

第三，经济性原则。企业员工招聘是一项商业行为，一定要考虑少投入多产出、尽可能降低成本，但是有时一味地降低成本，反而不能起到良好的招聘效果，得不偿失，因此，把握好度很重要。

第四，平等性原则。对所有报考者要一视同仁，不得人为地制造各种不平等的限制或条件（如性别歧视）和各种不平等的优先优惠政策，努力为社会上的有志之士提供平等竞争的机会，不拘一格地选拔、录用各方面的优秀人才。

第五，合适性原则。合适性原则是招聘的根本目的和要求。只有坚持这个原则，才能广揽人才，选贤任能，为单位引进或为各个岗位选择最合适的人员。为此，应采取科学的考试考核方法，精心比较，谨慎筛选。特别是要依法办事，杜绝不正之风。

第六，竞争性原则。通过考试竞争和考核鉴别确定人员的优劣和人选的取舍。为了达到竞争的目的，不仅要动员、吸引较多的人员报考，而且要严格考核程序和手段，科学地录取人选，通过激烈而公平的竞争，选择优秀人才。

四、员工招聘与甄选流程

员工招聘与甄选流程包括制订招聘计划、确定招聘策略、发布招聘信息、进行招聘测试、做出招聘评估五个步骤。

（一）制订员工招聘计划

招聘计划是组织根据发展目标和岗位需求对某一阶段招聘工作所进行的安排，包括招聘目标、信息发布的时间与渠道、招聘员工的类型及数量、甄选方案及时间安排等方面。

1. 环境因素分析

人力资源甄选与录用工作是公共部门管理流程中具有战略意义的环节之一，必然受到组织赖以存在的社会、政治、劳动力市场等环境因素的影响与制约。人力资源管理部门在编制人员招聘与甄选计划时，必须及时注意到这些不断变化的外部条件和因素对员工招募带来的新的挑战。

（1）社会转型、行政体制的改革、技术进步与多样化等环境因素，会引起职员价值观、需求的多元化，更高的业绩标准、更大的责任、更大的风险，使得分工更细、更专业化。对员工招募与录用产生的影响是：①因事择人，不求最好，只求最合适；②因事设岗，录用方式具有更大的灵活性。

（2）法律法规的不断健全，经济体制改革的不断深入等环境因素，会使组织更加依法办事，组织任务具有更大的不确定性。对员工招聘与录用产生的影响是：①依法招聘，增强招聘人员法律意识；②劳动力市场出现变化，招聘工作面临更大的挑战。

（3）网络时代的到来，知识经济与教育体制改革等环境因素，会使组织智力结构要求越来越高。对员工招聘与录用产生的影响是：加强组织内部职员的培训、晋升与内部招聘工作。

2. 组织分析

组织人力资源规划是公共部门制订人员甄选计划、录用计划的基本依据，当出现岗位空缺或工作量过于饱和时，组织应首先决定如何来填补该项空缺。具体途径包括不招聘新员工、应急、人员招聘等 3 种类型。不招聘新员工来填补岗位空缺的方法包括加班、工作剔除、工作重新设计等 3 种类型。通过应急的方法来填补岗位空缺的方法包括临时雇佣、业务外包、租用等 3 种类型。只有当上述两种途径都无法满足需要时，组织才应该根据各个部门的人力资源规划制订人员招聘计划，决定是进行内部招聘还是进行外部招聘。

3. 工作分析或职位分析

在确定了招聘的途径之后，组织必须获取工作分析或职位分析方面的资料。

（1）组织必须明确完成组织目标包含了哪些业务流程，每一个流程涉及哪些岗位，该岗位上的员工如何进行工作，员工之间如何产生相互作用，员工在组织内部如何被授权、员工在组织内部如何进步等，以评价组织人员定额的水平，最终决定招聘的数量。

（2）组织应根据工作说明书提供的信息，进一步明确招聘的质量和标准。具体包括提出不同岗位应聘者在专业技能、工作经验、知识水平、素质、个性等方面的基本标准，并根据这些具体的岗位从业标准设计针对不同职位的甄选方式和途径。

4. 制订招聘计划

员工招聘计划包括以下内容：

（1）招聘的岗位、要求及其所需人员数量。这包括录用的职工总数及各部门分别录用人数及男女比例。

（2）录用标准。这是指组织对计划录用人员的基本素质要求，以及针对各个部门中不同职位录用职员的特殊要求。

（3）招聘对象。这是指针对不同职位的不同情况来限定招聘群体，可以较低成本保证录用人员的基本素质。

（4）招聘信息的发布。

（5）招聘方法。

（6）招聘预算。

（7）招聘时间安排。

（二）确定员工招聘策略

甄选与录用策略是为了实现甄选与录用计划而采取的具体手段和措施，具体包括招聘人员、招聘地点、招聘时间、招聘渠道、甄选策略和招聘的宣传策略等。

1. 内外部招聘人员的选择

企业人员的补充有内部补充和外部补充两个方面的来源，即通过内部和外部两个渠道招聘员工。

（1）内部招聘。内部招聘是指通过内部晋升、工作调换、工作轮换、人员重聘等方法，从企业内部人力资源储备中选拔出合适的人员补充到空缺或新增的岗位上去的活动。内部招聘具有以下四个特点：

第一，准确性高。从招聘的有效性和可信性来看，由于对内部员工有较充分的了解，如对该员工过去的业绩评价资料是较容易获得的，管理者对内部员工的性格、工作动机，以及发展潜能等方面也有比较客观、准确的认识，使得对内部员工的全面了解更加可靠，提高了招聘的成功率。

第二，适应较快。从运作模式看，内部员工更了解本组织的运营模式，与从外部招聘的新员工相比，他们能更快地适应新的工作。

第三，激励性强。从激励方面来分析，内部招聘能够给员工提供发展的机会，强化员工为组织工作的动机，也增强了员工对组织的责任感。尤其是各级管理层人员的招聘，这种晋升式的招聘往往会带动一批人作一系列晋升，从而能鼓舞员工士气。同时，也有利于在组织内部树立榜样。通过这种相互之间的良性互动影响，可以在组织中形成积极进取、追求成功的氛围。

第四，费用较低。内部招聘可以节约大量的费用，如广告费用、招聘人员与应聘人员的差旅费等，同时，还可以省去一些不必要的培训项目，减少了组织因岗位空缺而造成的间接损失。此外，从组织文化角度分析，员工在组织中工作了较长一段时间后，已基本融入了本组织的文化，对本组织的价值观有了一定的认同，因而对组织的忠诚度较高，离职率低，避免了招聘不当造成的间接损失。许多企业都特别注重从内部选拔人才，尤其是高层管理者。

（2）外部招聘。相对于内部选拔而言，外部招聘成本比较大，也存在着较大的风险，但具有以下几个特点：

第一，带来新思想和新方法。从外部招聘来的员工对现有的组织文化有一种崭新的、大胆的视角，而较少有感情的依恋。典型的内部员工已经彻底地被组织文化同化了，受惯性思维影响，既看不出组织有待改进之处，也没有进行变革、自我提高的意识和动力，整个组织缺乏竞争的意识和氛围，可能呈现出一潭死水的局面。通过从外部招聘优秀的技术人才和管理专家，就可以在无形中给组织原有员工施加压力、激发斗志，从而产生“鲶鱼效应”。特别是在高层管理人员的引进上，这一优点尤为突出，因为他们有能力重新塑造组织文化。

第二，有利于招聘一流人才。外部招聘的人员来源广，选择余地很大，能招聘到许多优秀人才，尤其是一些稀缺的复合型人才，这样可以节省内部培训费用。

第三，树立形象的作用。外部招聘也是一种很有效的交流方式，组织可以借此在其员工、客户和其他外界人士中树立良好的形象。

第四，有利于平息和缓和内部竞争者之间的紧张关系。内部同事之间的互相竞争，会产生矛盾，不利于企业的运作和管理。外部员工的引入可能对于此种情况产生平衡的作用，避免了组织成员间的不团结。

2. 甄选与录用的周期选择

组织进行人员甄选与录用会耗费一定的时间，因此，公共部门有必要根据人力资源规划做好紧缺岗位的人才后备建设工作，对于其他类型的人才，组织也要注意招聘时期的存在，即从组织产生岗位空缺开始到合格的新聘人员上岗之间会存在一定的时滞。

甄选与录用周期=用人日期−准备周期

准备周期=甄选与录用周期+培训周期

3. 招聘的渠道选择

（1）招聘渠道。应聘者来源渠道主要有组织内部来源和组织外部来源，组织内部有内部提升、职业转换、内部竞争三种渠道；组织外部有自荐、员工介绍、广告征召、就业机构征召、专职猎头机构征召、大学校园征召和计算机网络征召等多种方式。

（2）招聘渠道的步骤。招聘渠道的主要步骤如下：①分析组织的招聘要求；②分析潜在应聘人员的特点；③确定适合的招聘来源，按照招聘计划中岗位需求数量和资格要求，根据对成本收益的计算来选择一种效果最好的招聘来源，是内部还是外部，是学校还是社会等。④选择适合的招聘方法，按照招聘计划中岗位需求数量和资格要求，根据对成本收益的计算来选择一种效果最好的招聘方法，是发布广告还是上门招聘、借助中介等。

4. 校园招聘

校园招聘是由企业单位的招聘人员通过到学校招聘、参加毕业生交流会等形式直接招聘人员。对学校毕业生最常用的招聘方法是每年举办的人才供需洽谈会，供需双方直接见面，双向选择。除此之外，有的单位则自己在学校召开招聘会，在学校中散发招聘广告等。有的则通过定向培养、委托培养等方式直接从学校获得所需要的人才。

对于应届生和暑期临时工的招聘也可以在校园直接进行。其主要方式有招聘张贴、招聘讲座和毕业分配办公室推荐三种。校园招聘通常用于选拔工程、财务、会计、计算机、法律，以及管理等领域的专业化初级水平人员。

5. 网络招聘

目前，越来越多的企业借助互联网承担起企业人力资源管理与开发的多项职能。越来越多的招聘软件出现在人们的生活，90 后、00 后绝大部分人士会选择利用互联网寻找工作机会。

6. 熟人推荐

通过单位的员工、客户、合作伙伴等熟人推荐人选，也是单位招聘人员的重要来源。熟人推荐的招聘方式，其长处是对候选人的了解比较准确；候选人一旦被录用，顾及介绍人的关系，工作也会更加努力；招聘成本也很低。问题在于可能在组织中形成裙带关系，不利于企业各种方针、政策和管理制度的落实。

熟人推荐的方式，适用的范围比较广，既适用于一般人员，也适用于企业单位专业人才的招聘。采用该方式不仅可以节约招聘成本，而且也在一定程度上保证了应聘人员的专业素质和可信任度。有些企业为了鼓励员工积极推荐人才，还专门设立推荐人才奖，以此奖励那些为企业推荐优秀人才的员工。

（三）发布员工招聘信息

1. 搜集候选人信息

组织要将招聘信息通过多种渠道向社会发布，向社会公众告知用人计划和要求，确保有更多符合要求的人员前来应聘。组织可以通过以下方式搜寻候选人信息：

（1）应聘者自己所填的求职表，内容包括姓名、性别、年龄、学历、专业、工作经历及业绩等内容。

（2）推荐材料，即有关组织或个人就某人向本单位写的推荐材料。

（3）调查材料，是指对某些岗位人员的招聘，还需要亲自到应聘人员工作过或学习过的单位或向其接触过的有关人员进行调查，以掌握第一手材料。

2. 发布招聘信息的原则

按照公共部门人员甄选与录用的公开、公正、平等的原则，公共部门在发布甄选与录用信息时应遵循以下三个原则：

（1）广泛性原则。鉴于公共部门人员需求的公众属性，组织人员需求信息发布的面要尽可能广泛，并接受社会公众监督。这样，应聘的比例就会越小，组织招聘到合适人选的概率也就越大。但发布信息的面越广，费用也就可能越大，组织必须在甄选与录用预算的范围内实现二者的均衡。

（2）及早性原则。一般情况下，公共部门人员甄选与录用信息应尽量早地向有关人群发布，以给潜在的应聘者提供足够的准备和学习时间，不仅有利于提高应聘者的素质和技能，而且有利于更多潜在的公共职位候选人加入应聘行列中来。

（3）最优性原则。发布甄选与录用信息要选择最佳的形式，信息发布的主要形式有网络、报纸、杂志、电视、就业机构推荐、猎头企业推荐、新闻发布会和随机传播等。

3. 发布招聘信息的方法

在互联网上有许多网站提供发布招聘信息的服务，只要按照网站提供的操作步骤就可以完成，并能发布招聘信息，下面介绍其一般的方法：

（1）注册成为本站企业会员（已经是本站企业会员的用户请跳过此步骤）。

（2）点击注册，注册类型选择“企业会员”，点击“下一步”，然后填写“用户名、密码、电子邮箱”，用户名和密码都是自己设置，请填写认为好记的用户名和密码。电子邮箱很重要，请正确填写，推荐使用QQ邮箱，没有邮箱可以在注册申请。

（3）登录会员中心，直接打开登录页面，输入用户名和密码，点击登录即可完成。

（4）发布招聘信息。登录会员中心后，选择发布招聘信息。如果提示“先完善企业资料”，请完善企业资料后再发布招聘信息，发布后等待管理员审核，审核通过即可在网站上显示企业的招聘信息。

（四）招聘测试和筛选

在整个招聘工作中，筛选与录用是一个不断搜集信息、进行筛选、做出取舍的过程，它包括以下内容：

第一，收集求职申请表，进行资格审查。根据与工作相关的各项标准来迅速排除明显不合组织要求的应聘者，初步识别和筛选出一定数量的合格应聘者，形成“应聘者蓄水池”。该过程是一个“粗选”的过程，目前，可以通过网络来投寄和筛选合格应聘者的方法已成为一种较好的“粗选”方式。

第二，有目标的选拔性面谈。该过程的主要目标是进一步检验应聘者的具体外在条件和要求。例如，身高、视力、言谈等与组织的特定工作要求是否匹配等。

第三，品行能力检查。该程序的主要目的是检查从面谈、求职申请表、邻居及求职者所在单位等相关渠道获得的重要信息，对求职者以往的工作经历、工作时间、工作表现、工资等级、所从事过的工种等的准确性进行核查，合格者进入下一轮的面试。

第四，考试和素质测评。通过考试和测评可以比较科学、客观地了解求职者与工作有关的各方面情况，以及发展的潜力，比较常见的考试和素质测评包括专业知识和技能考试、一般知识的能力考试、智力测验、特殊能力知识测验、个性心理测试、职业性向测试、工作动机测试、情景模拟测试、行为模拟测试、工作现场测试等。

（五）做出招聘评估

评价中心是通过一系列情景性的模拟活动，对候选人的心理和行为特点进行评价的方法。它是指将应聘者置于某种模拟或现实的工作情境中，通过对应聘者的观察来进行评价的一种方法，其评价结果通常具有较高的预测性。

1. 评价中心的类型

（1）无领导小组讨论。无领导小组讨论采用情景模拟方式对应聘者进行集体面试，通过观察一组被测评人员对某工作相关问题进行一定时间讨论的实际表现，来检测被测评者的组织协调能力、口头表达能力、辩论能力、说服能力、情绪稳定性、处理人际关系的技巧等各个方面的素质，从中选择最符合职位要求的人选。

（2）公文处理。候选人被要求处理工作中的典型文件，包括信件、报告、文件、来电记录等。其较好地模拟了多任务性的管理挑战，用于评价参与者的计划和组织能力、决策能力、授权的使用、书面沟通、人际敏感性、洞察力等。

（3）角色扮演。角色扮演的具体做法是：应聘者以小组为单位，根据工作中常碰到的问题，由小组成员轮流担任不同角色，以测试其处理实际问题的能力。整个过程由专家和企业内部的高级主管组成专家小组来监督进行，一般历时两天左右，最后对每一个应试者做出综合评价，提出录用意见。

（4）演讲。演讲是由应试者按照给定的材料组织并表达自己的观点和理由的过程。一般给5~10分钟准备时间，演讲在5分钟之内。其主要考查语言表达、思维逻辑、快速反应、承受压力的能力。

2. 招聘成本评估

（1）招聘成本。招聘成本是指对甄选与录用中的费用进行调查、核实，并对照预算进行评价的过程。如果成本低，录用人员质量高，就意味着招聘效率高；反之，则意味着招聘效率低。

招聘单价=招聘费用/应聘者人数

（2）招聘核算。招聘核算是指对招聘经费的使用情况进行度量、审计、计算、记录等的总称。通过核算可以了解甄选与录用中经费的精确使用情况，是否符合预算，若有差异，主要出现在哪一个环节。

3. 甄选与录用质量评估

（1）甄选。甄选的过程一般包括对所有应聘者的情况进行的初步审查、知识与心理素质测试、面试，以确定最终的录用者。

（2）录用。人员录用过程一般可分为试用合同的签订、新员工的安置、岗前培训、试用、正式录用五个阶段。员工的正式录用是指试用期满后，对表现良好、符合组织要求的新员工，使其成为组织正式成员的过程。一般由用人部门根据新员工在使用期间的具体表现对其进行考核，做出鉴定，并提交人力资源管理部门。人力资源管理部门对考核合格的员工正式录用，并代表组织与员工签订正式录用合同，正式明确双方的责任、义务与权利。

（3）甄选与录用指标。组织甄选与录用工作质量的评估一般有两种指标：一种是组织最终选聘人员的学历、进修与培训层次、工作经验等具体指标；另一种是建立在组织职位分析，以及在选聘过程中进行的素质测评和结构化面试等基础上的能力轮廓指标。

4. 甄选与录用的效率评估

组织藤选与录用效率的综合体现是新录用职员在组织中的工作绩效。因此，除了运用甄选与录用的成本一收益指标，以及录用比、应聘比、能力轮廓图等指标来反映录用人员的数量和质量外，组织还应通过录用人员在甄选过程中的评价分数与新职员在录用后1~3年度内的实际工作绩效评价分数之间的对比来最终确定组织甄选与录用工作的效率和效度。

第二节　员工培训与开发

“员工培训是企业稳步、快速、长久发展的重要基础。”[①] 培训是指企业有计划地实施有助于员工学习与工作相关能力的活动。这些能力包括知识、技能或对工作绩效起关键作用的行为。培训的目的是让员工掌握培训项目中强调的知识、技能和行为，并且让他们可以将其应用于日常工作当中。

员工开发是指为员工未来发展而开展的正规教育、在职实践、人际互动，以及个性和能力的测评等活动。由于开发活动是以未来为导向的，所以在开发过程中所学习的东西并不一定与员工当前所从事的工作有关。

一、员工培训的意义

培训是企业有计划、有组织、系统地对员工进行知识、技能、价值观、工作态度等内容的培养和训练，使员工达到工作岗位的要求。员工培训能提高与改善员工的知识、技能与态度，增进员工的积极性，进而提高企业效益、提升组织竞争力，对组织和个人具有重要的意义。

第一，员工培训是人力资源开发的重要途径。人力资源开发的主要途径有员工培训、员工激励、职业发展、员工使用和保护等，其中培训是最常用的手段之一。

---

① 张雁．企业员工培训中的问题分析与创新路径［J］．人才资源开发，2021（23）：89-90.

第二，员工培训能满足企业发展对高素质人才的需要。现代企业之间的竞争归根到底是人才的竞争，企业的发展需要大量高素质的人才。包括高素质的研究开发人员、管理人员、专业技术人员、生产骨干员工等。按照松下幸之助的观点，人才不是“捡”来的，而是企业自己培养的。因此，企业可以通过培训提高员工的素质，满足企业发展的需要。

第三，对员工进行培训，从而提升员工的能力水平。马斯洛提出的需求层次理论指出，需求是有层次的，最基础的是生理需求、安全需求，然后是社交需求，最高层次的是尊重需求、自我实现需求。人在尊重和自我实现方面体现出的需求属于精神方面的需求，是员工在个人职业道路发展过程中产生的自然需求，它能够极大地激励员工积极进取。而这些需求的满足是以自身素质的提高、提升到一定的管理岗位、工作中发挥个人潜能、工作干出一番成就为前提的。这就需要通过培训来实现。

第四，员工培训是提高企业效益的重要手段。通过培训提高了员工的工作技能、端正了工作态度、增强了工作责任心、发展了个人工作能力、满足了员工的发展需要，则会提高员工的满意感而激发其工作热情，最终则有利于提高工作效率，节约劳动消耗，从长远来看可以提高企业效益，因而，企业领导者应有长远发展眼光，不能仅考虑眼前利益。

第五，员工培训是一项最合算、最经济的投资。培训需要大量的投入，这种投入不是费用的发生，而是人力资本投资的一种形式，其投资回报率要远远高于其他物质资源投资。

第六，员工培训能够保障企业的可持续稳定发展。企业的可持续成长指的是在比较长的时间范围内，企业利用学习以及创新活动形成了自己的企业成长机制，在机制的作用下，企业的经济稳定增长，企业的运行效率越来越高，企业的经营范围越来越大，企业能够在整个行业中保持稳定发展或在原有的基础上有所提升。而企业想要做到这一点需要对员工进行培训，只有工作人员的素质提高了，才能形成素质比较高的团队，才能为企业的成长提供保障。

二、员工培训与开发的区别

培训与开发的区别主要体现在以下三个方面：

第一，在传统意义上，培训侧重于近期目标，重心放在提高员工当前的工作绩效，从而开发员工的技术性技巧，以使他们掌握基本的工作知识、方法、步骤和过程；开发则侧重于培养提高管理人员的有关素质（如创造性、综合性、抽象推理、个人发展等），帮助员工为企业的其他职位做准备，提高其面向未来职业的能力，同时，帮助员工更好地适应由新技术、工作设计、顾客或产品市场带来的变化。

第二，培训通常侧重于提高员工当前工作绩效，故员工培训具有一定的强制性；而开发活动只是对认定具有管理潜能的员工才要求其参加，其他员工要有参与开发的积极性。

第三，传统观念认为，培训的对象就是员工与技术人员，而开发的对象主要是管理人员。然而，随着培训战略地位的凸显，员工培训将越来越重要，培训与开发的界限已日益模糊。现在，两者都注重员工与企业当前和未来发展的需要，而且员工、经营者都必须接受培训与开发。

现在员工要胜任工作应具备综合运用知识的能力。这要求员工必须学会分享知识，创造性地运用知识来改造产品或向顾客提供服务，并能更好地理解服务或产品开发系统。因此，许多企业建立了对员工进行与企业经营的战略目标和宗旨联系在一起的高层次培训的观念。在企业中营造鼓励持续学习的工作环境，构建学习型组织，使企业的员工总是不断地学习新的东西，并直接运用到产品或服务质量的改善方面。在学习型组织中，培训被看作智力资本构建系统的一部分。

三、培训与开发的方法

（一）传统的培训方法

1. 讲座培训法

讲座培训法是指培训者用语言表达其传授给受训者的内容。讲座的形式多种多样，不管何种形式的讲座，都是一种单向沟通的方式，即从培训者到听众。尽管交互式录像和计算机辅助讲解系统等新技术不断出现，但讲座培训法仍是员工培训中最普遍的方法。讲座培训法的成本最低、最节省时间，有利于系统地讲解和接受知识，易于掌握和控制培训进度；有利于更深入理解难度大的内容；而且可同时对许多人进行教育培训。因此，讲座可作为其他培训方法的辅助手段，如行为模拟与技术培训。讲座可在培训前向受训者传递有关培训目的、概念模型或关键行为的信息。讲座培训法的不足是受训者的参与、反馈与工作实际环境的密切关系——这些会阻碍学习和培训成果的转化，它的内容具有强制性，不易引起受训者的注意，信息的沟通与效果受教师水平影响大。

2. 视听培训法

在教授大量生产性工作的技能和程序时，可采用某些视听设备。简而言之，通过录像带可以展现装配电子设备的工作，以及如何与工作表现差的员工一起工作的场景。采用摄像设备，培训者与受训者共同观察现场的情况，并对本章学习目标的进展予以迅速的反馈。高尔夫和乒乓球教练经常亲自拍摄学员训练的情况，并让他们观察自己的错误。

受训者通过可视光盘可以迅速了解培训的每一过程，可以特别为拥有不同层次的知识和技能的员工提供个性化指导。光盘目前用于教授医生如何诊断病情，如何帮助奶制品农场主提高生产力等。最近又运用于处理管理难题，如领导力、监督及人际关系。

3. 学徒制培训法

在职培训的一个分支领域是学徒式培训。对那些刚开始工作的员工，特别像一些技能行业，如机械师、实验室技术员，或者电工、管道维修工、砖瓦匠等，企业多采用“师带徒”的方法。通过这一方法，可以针对工作从理论与实践两个方面给予指导和经验传授。学徒制是一种既有在职培训又有课堂培训，且兼顾工作与学习的培训方法。该方法是选择一名有经验的员工对受训者进行关键行为的示范、实践、反馈和强化，以达到培训的目的，这些受训者被称为“学徒”。

学徒制的有效指导原则是：①管理者要确认受训者（学徒）具备对某一操作过程的基本知识；②培训者（有经验的人）让员工演示这一过程的每一步骤，并强调安全事项和关键步骤；③资深员工给学徒提供执行这一过程的机会，直至每个员工认为其已能安全且准确地完成工作过程了。

该方法的主要优点是：①受训者（学徒）在学习的同时能获取收入，由于师带徒的培训时间持续长，学徒的工资会随着其技能水平的提高而自动增长；②培训结束后，受训者往往被吸纳为全职员工。

该方法的不足之处是：①师带徒只对受训者进行某一技艺或工作培训；②由于新技术的变化，许多管理者会认为学徒们只接受了范围狭窄的培训而不愿雇用他们；③师带徒培训的员工，也会因只接受某种特定的技能而不能获得新技能或技能难以适应工作环境的变化。

4. 情景模拟培训法

情景模拟培训法是一种代表现实中真实生活情况的培训方法，受训者的决策结果可反映其在被“模拟”的工作岗位上工作时会发生的真实情况。

该方法常被用于传授生产和加工技能、管理和人际关系技能。模拟环境必须与实际的工作环境有相同的构成要素。模拟的环境可通过模拟器仿真模拟，模拟器是员工在工作中所使用的实际设备的复制品。该方法培训的有效性关键在于模拟器对受训者在实际工作中使用设备时遇到的情形的仿真程度，即模拟器应与工作环境的因素相同，其反应也要与设备在受训者给定的条件下的反应完全一致。仿真模拟法的优点是能成功地使受训者通过模拟器简单练习增强员工的信心，使其能够顺利地在自动化生产环境下工作。其不足之处是模拟器开发很昂贵，而且工作环境信息的变化也需要经常更新，因此，利用仿真模拟法进行培训的成本较高。

最近出现的模拟现实技术运用于情景模拟领域，即虚拟现实。它是为受训者提供三维学习方式的计算机技术，即通过使用专业设备和观看计算机屏幕上的虚拟模型，让受训者感受模拟环境并同虚拟的要素进行沟通，且利用技术来刺激受训者的多重知觉。在虚拟现实中，受训者获得的知觉信息的数量、对环境传感器的控制力，以及受训者对环境的调试能力都会影响到“身临其境”的感觉。

虚拟现实适用于工作任务较为复杂或需要广泛运用视觉提示的员工培训。它的优点是能使员工在没有危险的情况下进行危险性操作；可以让受训者进行连续学习，还可以增强记忆。

5. 案例研究培训法

案例研究培训法是将实际发生过或正在发生的客观存在的真实情景用一定视听媒介，如文字、录音、录像等描述出来，让受训者进行分析思考，学会诊断和解决问题及决策。它特别适应于开发高级智力技能，如分析、综合及评价能力。

在课堂培训中案例研究是一种非常有效的学习情境，可以从学员的日常工作生活中提炼实际的案例，经理们可以通过案例学习如何分析（参与）、如何综合（合并），从而对管理层决策依据的变量有所认识；总体而言，可以提高决策能力。

该方法的优点是：①提供了一个系统的思考模式，在个案学习过程中，接受培训可得到一些管理方面的知识和原则，建立一些先进的思想观念，有利于受训者参与企业的实际问题的解决；②案例还可以使受训者在个人对情况进行分析的基础上，提高承担具有不确定结果风险的能力；③为使案例研究教学法更加有效，学习环境必须能为受训者提供案例准备及讨论案例分析结果的机会；④安排受训者面对面地讨论或通过电子通信设施进行沟通，并提高受训者个案分析的参与度。因此，案例研究的有效性基于受训者愿意而能够分析案例，并能坚持自己的立场，以及好案例的开发和编写。

6. 角色扮演培训法

角色扮演培训法是设定一个最接近现状的培训环境，指定受训者扮演角色，借助角色的演练来理解角色的内容，从而提高积极地面对现实和解决问题的能力。

角色扮演培训法包含了假想的态度与行为，通常用于主管与其下属处理一个特殊问题的情景之中，通过扮演他人所处的角色，学员们可以提高理解和交际的能力。角色扮演培训法还帮助他们学习怎样从另外一个角度看待问题。角色扮演培训法被广泛应用于训练医护专业人员，使他们对待病人所关心的问题能更敏锐、更细心。培训经理们在处理缺勤、绩效评估和矛盾冲突时也广为使用角色扮演培训法。

角色扮演培训法不同于情景模拟，主要表现为：①其提供的情景信息十分有限，而情景模拟所提供的信息通常都很详尽；②其注重人际关系反应，寻求更多的信息，以解决冲突，而情景模拟注重于物理反应（如拉动杠杆、拨个号码）；③情景模拟的受训者的反应结果取决于模型的仿真程度，而在角色扮演培训法中结果取决于其他受训者的情感与主观反应。

（二）现代科技培训方法

1. 多媒体培训

多媒体培训是利用各种媒介来生动地展现培训资料的内容，让培训者更易接受和领会培训内容。多媒体包括静态多媒体和动态多媒体两种，静态多媒体主要是使用一些精致的文字和图像，如印刷材料、幻灯片和投影仪等媒介来呈现培训内容。动态多媒体是利用录音带、录像带、CD、光盘等媒介来动态呈现培训内容，多媒体培训可以生动再现培训内容，更易于受训者的理解和掌握。

2. 互联网培训法

近年来，各机构都在积极探索开发信息高速公路——互联网，作为潜在的计算机培训载体。因为网页可以随时修改更新，在互联网上可以随时更新培训材料，因而修改教材相当简单便宜。另外，分析家们认为，互联网可以节省差旅和教室费用，不过此类培训的不足之处在于互联网的用户往往迷恋于网上“冲浪”。考虑到互联网有时无直接的形式，受训者较难相互交流。不过这同时又是一个优点，因为互联网要求使用者熟练搜寻、比较、感知、认同大量信息，这些技能有助于帮助培养其他技能：寻找难点、解决问题及分析能力等。在与电子邮件结合之后，互联网培训将是极其有用的培训资源。

互联网是一种广泛使用的通信工具，是一种快速廉价收发信息的方法，也是一种获取和分配资源的方式。互联网培训主要是指通过公共的（因特网）或私有的（内部局域网）计算机网络来传递，并通过浏览器来展示培训内容的一种培训方式。互联网上的培训可以为虚拟现实技术、动感画面、人际互动、员工间的沟通和实时视听提供支持。

3. 远程学习培训法

远程学习通常被一些在地域上较为分散的企业用于向员工提供关于新产品、企业政策，或者程序、技能培训和专家讲座等方面的信息。远程学习包括电话会议、电视会议、电子文件会议，以及利用个人计算机进行培训。培训课程的教材和讲解可通过互联网或一张可读光盘分发给受训者。受训者与培训者可利用电子邮件、电子留言板或电子会议系统进行交互联系。远程学习是参与培训项目的受训者同时进行学习的一种培训方式，为分散在不同地点的员工获得专家培训机会，为企业节省一大笔差旅费。该方法存在的不足之处是受训者与培训者之间缺乏互动，而且还需要一些现场的指导人员来回答某些问题，并对提问和回答的时间间隔做出调整。

（三）团队建设法

团队建设法是用以提高团队或群体成员的技能和团队有效性的培训方法。它注重团队技能的提高，以保证进行有效的团队合作。这种培训包括对团队功能的感受、知觉、信念的检验与讨论，并制订计划以将培训中所学的内容应用于工作当中的团队绩效上。团队建设法包括探险性学习、团队培训和行为学习。

1. 探险性学习培训法

探险性学习也称为野外培训或户外培训，它是利用结构性的室外活动来开发受训者的团队协作和领导技能的一种培训方法。该方法最适应于开发与团队效率有关的技能，如自我意识能力、问题解决能力、冲突管理能力和风险承担能力等，利用探险性学习的方法，其户外练习应和参与者希望开发的技能类型有关。练习结束后，应由一位有经验的辅导人员组织关于学习内容、练习与工作的关系，以及如何设置目标，将所学知识应用于工作等问题进行讨论，探险性学习的不足之处是对受训者的身体素质要求较高，以及在练习中常常会让受训者之间发生接触，会给组织带来一定风险，这些风险有时是因私怨、感情不和而导致的故意伤害，而不能将其归咎于疏忽。因此，探险性学习的采用应慎重。

2. 团队培训法

团队培训法是通过协调在一起工作的不同个人的绩效从而实现共同目标的方法。团队培训方法多种多样，可以利用讲座或录像向受训者传授沟通技能，也可以通过角色扮演培训法或仿真模拟给受训者提供讲座中强调的沟通性技能的实践机会。团队培训的主要内容是知识、态度和行为。团队行为是指团队成员必须采取可以让他们进行沟通、协调、适应且能完成任务以实现目标的行动；团队知识是使团队队员记忆力好、头脑灵活，使其能在意料外的或新的情况下有效运作；团队队员对任务的理解和对彼此的感觉或态度因素有关。同时，团队的士气、凝聚力、统一性与团队绩效密切相关。研究表明，受过有效培训的团队能设计一套程序，做到能发现和改正错误、协调搜集信息及相互鼓舞士气。

团队培训的方式有交叉培训、协作培训与团队领导技能培训。交叉培训，即指团队队员熟悉并实践所有人的工作，以便团队队员离开团队后其他成员容易承担其工作。协作培训，即指对团队进行如何确保信息共享和承担决策责任的培训，以实现团队绩效的最大化。团队领导技能培训，即指团队管理者或辅助人员接受的培训，包括培训管理者如何解决团队内部冲突，帮助团队协调各项活动或其他技能。

3. 行动学习培训法

行动学习培训法，即给团队或工作群体一个实际工作中所面临的问题，让团队队员合作解决并制订出行动计划，再由他们负责实施该计划的培训方式。

一般行动学习包括 6～30 个员工，其中包括顾客和经销商。团队构成可以不断变化。第一种构成是将一位需要解决问题的顾客吸引到团队中；第二种构成是群体中包括牵涉同一个问题的各个部门的代表；第三种构成是群体中的成员来自多个职能部门又都有各自的问题，并且每个人都希望解决各自问题。行动学习培训法涉及的是员工实际面临的问题，所以可使学习和培训成果的转化达到最大化，它有利于发现阻碍团队有效解决问题的一些非正常因素。

以上介绍的各种方法其适应范围、培训效果等均有所不同。作为管理者或培训者，在实际工作中如何选择正确的、有效的培训方法是至关重要的。

四、培训与开发计划的实施

培训与开发计划的实施主要由人力资源部门来完成，准备工作完成以后，培训组织者就要将培训与开发计划付诸实践。在培训与开发计划实施过程中要注意以下几个方面：

（一）布置培训现场

培训环境的选择与布置是培训与开发计划实施过程中重要的环节，受训者只有在舒适安静的环境中才能够集中精力学习。如果培训现场有很多干扰，会影响受训者的注意力。因此，培训场地要选在相对安静的区域。

培训如果是在室内进行，座位的摆放就很重要，因为座位安排会使培训师与受训者之间形成一种空间关系。座位的安排要根据不同的培训内容和培训形式采用相应的摆放模式，对于配备固定桌椅的教室而言，比较适合讲座式的培训。比较常用的座位安排方式有三角形、半圆形、扇形、U形、方桌形和圆桌形等。

培训现场的布置还要注意室内的温度、光线、音响等细节问题。此外，培训现场其他材料也应提前做好准备，如纸、笔、桌签、电源插座等。总之，这些细节出现问题也会影响到培训与开发计划的顺利实施。

（二）学员纪律管理

受训者到达培训现场后，要填写签到表，以便培训管理人员统计受训者的到达情况。在培训正式开始前，培训师要简要说明培训时间、内容的安排，提出培训的纪律要求。培训过程中受训者要服从培训师的管理，不随意扰乱课堂秩序，若中途离开培训现场，须向培训师或培训组织者说明情况。

（三）课程导入管理

培训课程的导入环节是课堂教学的开端，一个好的导入将会激发学员的学习热情，起到事半功倍的作用。常用的课程导入有随意交谈法、看图提示法、创设问题法、多媒体导入法等。使用何种方法导入课程取决于课程内容、课程设计及培训师的培训风格。总之，课程导入要合时、合情、合理，能激发学员的学习兴趣，将注意力集中在培训的内容上。

（四）课程结业管理

培训结束后，要对学员进行结业考试，并对考试合格的学员颁发结业证书。考试形式可以根据培训的目的来设计，可以是理论知识，也可以是上机模拟。考试内容围绕本次培训的内容展开，同时，能够发挥学员的创造力，考试合格者颁发结业证书。

第三节　员工职业生涯管理

知识经济时代、信息化时代，一方面提升了人力资源的价值，管理者对人的作用越来越重视；另一方面也给员工和组织的职业生涯规划与管理带来了诸多的挑战。如何促使员工更好地实现个人职业生涯目标，如何为组织留住优秀员工，如何培养可持续发展的员工，如何激发员工的工作潜能，如何将员工的个人职业生涯发展规划融入组织职业生涯规划管理当中，已成了当今组织与个人共同关注与研究的重大课题。在这种社会经济环境下，作为员工个人也越来越重视自己的职业生涯开发的潜力，作为组织也越来越需要加强对员工职业生涯的规划与管理。组织通过员工的职业生涯管理可以更好地开发员工的潜能，调动员工的劳动积极性，培养员工的献身精神，提升组织的业绩和效益。

一、职业的相应概念

职业是指一个人为维持自己的生计，同时实现社会联系和自我价值而进行的持续劳动活动的方式。职业是在不同的专业领域中一系列相似的服务。如医护人员是一种职业，公安人员也是一种职业。

第一，工作。工作是由一系列相似的职位所组成的一个特定的专业领域。职位是和分配给个人的一系列具体任务直接相关的。因此，职位和参与工作的个人相对应，有多少参与工作的人，就有多少个职位。

第二，职系。由两个或两个以上的工作组成的职位系列，这些工作的性质相同或充分相似，但责任轻重、困难程度和任职资格有所不同。

第三，职组。由性质相近的若干职系构成。

第四，职级。职级指将工作能力、责任、资格和价值相近的一类岗位划分到同一个等级。

第五，职等。职等指将工作能力、责任、资格和价值相近的一类岗位划分到同一个等级。

第六，职业生涯。职业生涯又称职业发展。职业生涯周期是指一个人从开始从事工作或职业活动到完全结束这项工作或职业活动的全部过程。职业生涯就是指一个人从凭借自己的劳动取得合法收入开始到不再依靠劳动取得收入为止的人生历程。这是一个动态的和不断发展的全部过程。

二、职业生涯发展的维度

职业生涯发展的维度，又称职业生涯发展道路的方向，通常情况下，员工在组织中职业道路发展的方向分为三种，即横向发展、纵向发展和朝核心方向发展。

（一）横向发展

横向发展是指跨越职能边界的工作调动，是一种“水平的”职业成长，即在同一层级上不同职务之间的工作变换，如由生产研发部门转到人力资源管理部门或是市场营销部门等。这种变换能够使员工的才能和特长得到更全面的发展，提高综合专业技术知识水平，积累更丰富的工作经验，以便找到最适合自己兴趣和才能的工作，从而为将来晋升高层管理人员在宏观管理方面奠定基础。

（二）纵向发展

纵向发展是比较传统的职业发展方向，它是指跨越职务的等级向上发展，获得职务的晋升，是一种“垂直的”工作成长。纵向发展是指在原来的职务范围基础上，由低层级向高层级发展，如由技术员发展到助理工程师，再发展到工程师，或者从本处室的科长晋升到处长，这种工作变换同样也伴随着工资和待遇的提高。

（三）朝核心方向发展

朝核心方向发展理论认为要想彻底地考察与分析员工在组织中实际的运动态势，除了上述跨职能和跨等级的两类职业生涯发展运动之外，还有一种非正式的但却影响颇大的运动方向，即沿着“核心度”方向发展。这是一种进入职业或组织核心的运动，具体是指员工经过一段时间的工作之后，工作才能和技术熟练程度都有所提高，其表现为其他人所了解，并逐渐得到组织中的老成员甚至高层管理者的信任和器重，虽然其在工作职务和组织等级上没有什么正式的变化，但是却能够接近组织的核心层人物，可以获得更多有关组织的核心信息或参与企业的有关核心决策，对组织的影响力也很大。这种跨越核心圈内外边界的运动，对员工职业生涯的发展会起到更为重要的影响。

三、影响员工职业生涯发展的因素

职业生涯的发展，受到很多因素的影响，可能来自员工个人的差异，也可能来自企业或其他诸多方面的差异，但总的来说，主要受到三方面因素的影响：社会环境因素、员工个人因素、组织内部的因素。

（一）社会环境因素

1. 文化环境

社会的文化环境影响着个人处理事务和解决问题的思维方式，例如共同遵守约定俗成的规则、行为等。文化环境包括价值观、信仰体系、社会规范和行为习惯等方面，它们与个人的职业发展密切相关。

（1）文化的价值观和信仰体系会塑造员工的职业选择和目标设定。当组织注重集体利益和团队合作时，组织会鼓励员工发挥协作精神；当组织更注重个人成就和竞争，组织会鼓励员工追求个人成功和卓越。

（2）文化中的等级制度会影响员工的晋升机会和职业发展。在严格的等级体系中，员工的职业晋升更多依赖于地位和身份，而非个人能力和成就。此外，文化环境对工作与生活平衡的态度，也会对员工的职业发展产生影响。当组织更注重工作，组织会鼓励员工长时间工作以追求成功；当组织更重视家庭和休闲时间，组织会强调工作与生活的平衡。

（3）文化中的教育和培训体系对员工的职业发展提供基础。不同文化对教育和培训的重视程度不同，这将直接影响员工的技能和知识水平，进而影响其在职业发展中的竞争力和机会。总之，文化环境是塑造员工职业生涯发展的重要因素，组织应该了解和尊重不同文化背景下员工的价值观和期望，为其提供适合的发展机会和支持。

2. 职业供需状况

员工职业发展还受到宏观劳动力市场以及行业劳动力市场的职业供需状况的影响。从整个社会宏观环境来看，进入 21 世纪等于进入了知识经济时代，信息产业和服务业相关的劳动力市场的职业需求旺盛，个人的职业发展前景也比较好，使得多数人都把职业发展方向定在这些领域。而传统产业的劳动力市场由于其职业安全性低，不利于个人职业生涯发展，也影响了员工个人的职业选择。

3. 政治与法律

政治与法律因素主要是指由国家制定的与就业相关的法律法规和政策，这些因素也会间接地影响员工个人的职业生涯发展。因为国家政策和法律法规对每个公民都有强制性和约束力，这些环境因素决定着社会职业岗位和数量、结构，决定着其出现的随机性和波动性，进而影响人们对不同职业的认可程度，并左右着人们对未来职业道路的确定、职业生涯设计的调整与决策。

4. 家庭

家庭是每个人出生与成长的摇篮，每个人从幼年时期就开始受到家庭的重要影响。通过长期潜移默化的作用以及家庭成员的耳濡目染，每个人都逐步形成了自己的价值观和行为模式，并以此模式或标准来学习某些知识和技能，从而影响一个人的职业生涯的期望和目标，并且会影响个人职业生涯方向的选择。

（二）员工个人因素

1. 员工个人对职业的期望

员工个人对职业的期望就是员工个人对他所从事的某项工作或职业的一种希望、心愿和憧憬。这种期望不是凭空遐想出来的，而是员工根据个人的兴趣爱好、价值观、专业能力等自身因素和社会就业供需等外部因素动态协调之后的结果。它直接反映出员工个人的职业价值取向，与职业供需状况、工作收入和待遇状况等因素又有密切的联系，这种期望会随着上述因素的变化而变化。

2. 员工个人的自我评估

要想制订出好的职业生涯发展规划，充分发挥个人的职业潜能，员工个人首先应该进行正确而客观的自我评估。很多员工就是由于缺乏这方面的认识，对自己估计不够或不准，从而没有选择适合自己的职业生涯目标和职业发展道路。所以，在设计职业生涯发展目标之前，员工个人应该通过对自己的兴趣、志向、性格、拥有的知识和技能等情况进行认真的分析或充分的了解以后，对自己的优劣势做出正确、客观的评估。有这么一句老话，一个人最难了解的人不是别人，而是他自己。

3. 员工自身的能力

从组织发展的角度来看，特别是对企业而言，这里的能力主要是指工作和劳动的能力，即通过对各项知识和资源的灵活运用而进行生产、研发、销售等活动的技能和才干。具体包括身体素质和智力能力。在智力能力方面现在又有一个说法叫“智商”和“情商”。

（三）组织内部的因素

1. 组织对员工的职业指导

员工个人要想设计制订出好的职业生涯规划，也需要组织的帮助，更需要组织对员工个人进行正确的评价，并为员工提供合适的发展机会，正确指导员工职业生涯发展目标的制订。同时，组织还可以为员工提供有效的信息渠道，帮助员工科学客观地评估自己。此外，适时地向员工传达关于职务空缺的信息，让员工能够清楚地了解组织中晋升的机会，从而使员工能够更好地对职业生涯进行规划。

2. 组织中的“软环境”

组织中的“软环境”包括组织的管理制度、企业文化、领导者的素质和观念等，这种

"软环境"虽然没有对员工个人职业生涯进行具体指导和规范，但却对员工个人职业生涯的发展有着无形的影响力。具体而言，管理制度是从形势上影响着员工的职业生涯发展，而企业文化则是从本质上向员工渗透企业的价值观和经营哲学，从而影响员工对职业的选择。

四、员工职业生涯管理的作用

（一）职业生涯管理对社会的作用

组织通过职业生涯管理，有效地减少了不必要的人员流动，降低了组织的管理成本，使员工能够在组织内相对稳定地工作，从而减少一些社会不安定因素，使社会变得更加稳定与和谐。

（二）职业生涯管理对个人的作用

组织指导和参与员工的职业生涯管理，能够使员工充分了解自己，客观地评价自己的能力，明确自己的优势和劣势，获取组织内部有关工作机会的信息，从而确定符合自己兴趣、能力及组织需要的职业生涯道路，确立自己的职业生涯目标，并为此制订出具体的行动规划，使员工能集中精力，全身心投入到工作中去，并不断地鞭策自己努力实现这些规划目标。在这个过程中，员工的素质也会得到进一步的提高。具体而言，有如下一些主要作用：①更好地发挥个人的长处，在职业生涯中扬长避短；②更好地适应环境，并能把握外部环境中存在的机会；③有利于更好地配置资源，根据自身能力状况，适当地调整个体的职业生涯目标；④有利于个人对职业生涯的控制，使工作与家庭更容易平衡；⑤有利于实现个人职业生涯目标和达到个体人生价值最大化。

（三）职业生涯管理对组织的作用

通过职业生涯管理，组织对个人的职业生涯目标进行规划和分析，根据员工的特长和兴趣进行工作设计和安排，取长补短，把合适的人安排到合适的岗位上去。这样，一方面，组织给员工提供了更多的发展机会，使员工能够在较短时间内达到职业发展目标；另一方面，使组织的人力资源得到合理配置，人才得到充分利用，降低了组织的管理成本。具体而言，有如下一些主要作用：①进行有效的职业管理，通过个体职业生涯目标的实现来提高组织的绩效；②计划管理与控制员工的职业生涯规划，不仅有利于员工职业生涯目标的成功实现，而且有利于员工职业生涯管理与组织职业生涯管理目标的协调发展、互利双赢；③职业生涯管理有利于组织有效地留住人才和吸引人才，稳定员工队伍，减少不必要的员工流失；④有利于构建和完善组织文化，体现全体员工的价值观。

五、我国员工职业发展变化态势

我国未来的职业变迁会出现以下发展态势：

第一，由单一基础型向跨专业、复合型转化。从目前招工、就业的情况分析，职业岗位的要求和劳动方式逐步由简单向复杂方面转化，过去单一技能就能胜任的工作，现在职业内涵发展扩大了，往往需要相关专业的许多知识技能，更多的需要跨专业和复合型人才。

第二，由封闭型向开放型转化。随着改革开放的深入，职业岗位工作的范围和面向的服务对象越来越广泛，接受信息的渠道也必须加大，人们相互之间的交往和协作大大加强，所以要求人们具有开放的观念和心态，彻底摆脱自身封闭的状态。另外，开放型体现在职业岗位工作的性质上，也增加了一些以人与人之间联络、沟通、信息咨询和交易为表现形式的内容。

第三，由传统工艺型向信息化、智能型转化。传统工艺型职业在科技含量上相对滞后，在技术更新速度方面比较缓慢，有时跟不上时代前进的步伐，生产力发展的关键之一是增加职业岗位科技含量，改善劳动组织和生产手段，提高劳动生产率。能熟练应用信息管理方法的智能型操作人员，是今后人才市场职业岗位更新、工作内容更新需要的新型人才。

第四，由继承型向知识创新型转化。知识经济、信息化时代的到来，要求社会成员不断树立创新意识，在自己的职业岗位上进行创造性劳动。今后，只有创造型人才才能更好地胜任其岗位职责。例如，舞台灯光设计师、个人形象设计师等职业，这些工作岗位大部分都需要那些具有创造性思维的人才。

第五，服务性职业向知识技能化发展。社会生产力的提高，解放了劳动力，人们越来越多地需要社会服务行业为他们排忧解难、提供方便。第三产业在劳动者数量增加的同时，对从业人员质量的要求也在不断提高，产生了知识型服务性职业，而且是吸纳社会劳动力的主要渠道。如传统的职业介绍演变为职业指导或猎头服务，实际上由原来简单提供信息或中介活动发展为利用专业知识提供信息咨询与职业指导服务。

劳动力市场预测专家认为，未来的新职业会越来越多地出现在服务部门，特别是与健康、通信和计算机相关的行业。

上述谈到的职业变迁趋势，反映了我国时代变化的特征，把握职业发展规律的趋势，对职业生涯规划与管理人员及劳动者本人都是非常重要的。对职业发展趋势的把握，能够对个人职业目标的选择提供思路和对职业生涯规划与管理发展提供方向。否则，有可能导致个人择业以及组织职业生涯规划与管理的盲目性。职业生涯规划与管理人员应适时关注职业变迁和发展趋势，帮助求职者更好地适应变革中的社会职业发展环境。

六、个体与组织职业生涯设计与管理

（一）个体职业生涯设计与管理

个体职业生涯设计是从个人自我角度出发，根据自身特点，对所处的组织环境和社会环境进行分析，制订自己一生中在事业发展的战略思想与计划，包括学习、职业选择、职务晋升等。

在职业生涯的自我设计中，个人可以通过分析自我，准确评价个人特点和强项，在职业竞争中发挥个人优势。通过外部环境分析，可以发现职业机遇。在此基础上，个人还可以评估个人目标和现状的差距，准确定位职业方向，获得职业发展动力。因此，个人开展职业生涯的自我设计非常重要。

1. 个体职业生涯设计的原则

个体职业生涯设计的过程是个体探索自我、科学决策、统筹规划的过程。为了保证职业生涯规划设计的实用性和科学性，一般应遵循以下四个原则：

（1）量体裁衣原则。这是做好职业生涯设计应当始终遵循的原则，也是最重要的原则。人与人之间的内在、外在条件都有很大的差异，其发展潜力无疑也会有很大不同。因此，职业生涯设计是一项完全个性化的任务，没有统一的定式，需要结合个体的具体情况与特点进行“量体裁衣”式设计或“定单式”设计。

职业生涯设计前，不仅要对个体的内在素质，比如知识结构、能力倾向、性别特征、职业喜好等进行全面的测评，而且要对个体外部的职业环境和职业发展的资源等进行系统的评估。既考虑个体的职业发展动机，又要注意其成功的可能性，从而为个体“量体”设定相应的职业发展目标和具体的发展规划。

（2）可操作性原则（或可行性原则）。每个人都说有目标规划，但并非每个人都可以实现自己的目标，完成自己的计划，甚至有人根本不知道自己是否完成了计划，这就是目标和计划的可操作性。职业生涯设计是为个体设定达成理想目标的规划和步骤。因此，这些内容本身应该是具体明确的，而不是空洞的口号，即目标要有清晰性，个人职业生涯设计的目标必须明确具体，实现目标的行动计划和方案也应尽可能详细，要分阶段、分内容、分步骤地进行。

职业生涯的可操作性，主要包括目标的可实现性、计划的可行性和效果的可检查性三个方面。所谓目标的可实现性，是指个体目标的敲定应该建立在个体现实条件的基础上，是对个体现实资源的真实评估和科学预期，是可以达到的目标，而不能是追新逐异或好高骛远的空想。所谓计划的可行性，就是指为个体制订的计划是非常具体的，是依据其现有能力制订的可以完成的行动计划。所谓效果的可检查性，就是说目标的可实现性和计划的执行情况都是以客观事物为评估标准，是可以度量和检查的。

（3）灵活性原则。对职业生涯发展来说，人生的不同阶段承担着各自的发展任务，需要解决相应的发展问题。因此，职业生涯设计也应该结合个体的年龄特征，确定具体的发展方向，制订阶段性的发展目标，在现实与最终目标之间设定一个阶段性目标。就像从山脚到山顶的一级级台阶，每迈一步都能够感到自己在朝终极目标前进，奋斗的过程就变得不那么缥缈，而是更具体、真实，有脚踏实地的感觉。

随着时间的推移，个人的自身条件、外部的资源、条件等环境因素也在呈现出动态变化性特征。这就是要求所设计的目标存在可调整的空间，可以根据实际情况进行改变，即使是最终目标，也需要结合不同阶段性目标的完成情况而不断进行修正，体现出各个阶段职业生涯设计的目标、路线和方法具有一定的灵活性和适用性。

（4）发展性原则。发展性原则是指个体在设计职业生涯发展规划时，不仅仅只局限于个体当前的发展，而且要考虑个体未来的职业发展空间。职业生涯设计要有超前性和预测性。因此，职业生涯设计应该基于影响职业发展的核心因素和本质因素而不是根据表面现象进行。比如，个体对企业文化的认识、合作与责任意识的水平可以长期影响个体的职业发展，而个人的外部形象和面试技巧仅仅只能够说明个体短期的职业状况。因此，职业生涯设计要注重更核心和本质的因素，从个体发展的角度上结合外部环境进行好职业生涯规划设计。

（5）持续性原则。持续性是指职业生涯规划应贯穿员工整个职业生涯过程，每个发展阶段都应该有明确的计划，并且能够持续而连贯地衔接，最终实现个人的职业生涯目标。持续性也即稳定性，主要指每个阶段的职业目标和行动路线前后能够有效衔接，具有一致性，不能前后相互冲突。稳定性并不意味着每个阶段的职业目标和行动不可改变，而是意味着总体上而言，前一阶段要为后一阶段乃至终极职业目标服务。

2. 个体职业生涯设计的内容

职业生涯设计依据对个人素质的全面测评，设定个体的长远目标和近期目标，并规划个人职业发展的具体步骤，其主要面临的任务有以下四个方面：

（1）确立职业发展的目标和方向。目标既代表着个人的理想追求，也指引着个人行动的方向。因此，设定具体可行的职业发展目标不仅是个人职业生涯设计的首要任务，也是最关键和最核心的任务。理想的职业发展目标不仅应该符合个体的性格、兴趣，而且应该具有一定的挑战性。该项任务是个人在职业咨询师指导下独立完成的。首先，运用各种测评手段了解到自己的能力、性格和兴趣偏好；然后，思考自己的外部环境和职业发展资源；最后，为自己设定一个具体的发展目标。

（2）制定职业发展的策略。确定目标之后，接着就要考虑如何达成目标。此时，个体在职业指导师的指导或帮助下为自己的目标制定相应的策略。当然，根据个体的现实差异，可以选择的有效策略多种多样，但是大致可分为以下三类：

第一，一步到位型。针对在现有条件下可以达成的职业目标，动用现有的资源很快实现。比如，希望做行政管理人员，就通过参加公务员考试一步到位。

第二，多步趋近型。对于那些目前无法实现的目标，先选择一个与目标相对接近的职业，然后逐步趋近，以达成自己的理想目标。比如，想做企业老板，但目前没有足够的资本，因此，先给别人打工，以积累资源。

第三，从业期待型。在自己无法实现理想目标，也没有相近的职业可以选择的情况下，先选择一个职业投入工作，等待机会，以实现自己的理想目标。比如，自己想去外企发展，但没有相应的机会，而现在唯一的机会是在中学教书，因此先就业再择业，等待机会再求发展。

（3）明确具体的职业生涯发展途径。个体要明确自己职业生涯的发展途径，这是职业生涯设计的一项重要任务。设计可行的职业发展路径是实现理想目标的必要条件，职业发展路径需要贯穿人的一生。在生活中，每个人都会面临很多选择，个体要认真思考每种可能选择的发展道路，包括可能达成的目标、遇到的困难、外界的评价、所需的帮助等。因此，帮助个体设定科学可行的职业生涯发展途径需要丰富的职业指导经验，这也是职业生涯设计中最困难的任务。

（4）设计具体的活动计划。确定了发展途径之后，个人要设计具体的活动计划。活动计划的设计主要考虑其可操作性。首先从个人的实际情况出发，根据细化的子目标，制定具体职业活动的时间表，并保证效果的可检查性。当然，因为外部环境的可变性，制订职业生涯计划更需要考虑有调整的空间。此外，在设计这些工作内容的同时，组织也要帮助个人解决求职过程中的一般心理问题，如择业观念、婚姻家庭态度、情绪化问题、行为模式等。严格意义上来讲，这些问题并不属于职业生涯设计与管理的领域，但个人的心理问题会直接影响个人职业生涯目标的达成或计划的执行与实施效果。所以，帮助个人调节自身的心理状态也是职业生涯设计与管理的一个不可忽视的任务。

3. 个体职业生涯设计的步骤

在明确了职业生涯设计的内容之后，就要通过科学合理的步骤来制订职业生涯规划。个人职业生涯设计一般通过员工自我评估、职业发展机会评估、职业方向和职业发展目标的设定、职业生涯路线的选择、制订行动计划和实施策略、评估与调整这六个步骤来完成。

（1）员工自我评估。个人在确立了职业生涯的意识和愿望之后，应该对自己和职业间的关系进行深层思考和判断。首先应该客观、全面地分析和评价自己，对自己目前的状况和条件进行分析（若过去工作过，需要对过去的职业生涯进行总结），对自己的潜能进行测评，明确自己的预期发展目标。然后是具体评估，通过对这些因素的分析，了解自己已经做了什么、想做什么及有能力做什么。

（2）职业发展机会评估。职业发展机会评估主要是指分析内外环境因素对自己职业生涯发展的影响。要客观、全面地了解和分析内外环境因素，包括对组织内部环境和社会环境因素的分析。组织内部环境因素包括组织的市场竞争力、组织文化和管理制度、主要领导人的素质和能力等；社会环境因素包括政治、法律、经济、文化、行业环境等。同时，还应该认真分析自己与内外环境的关系，自己在各种环境中的地位、环境的有利和不利条件等。

（3）职业方向和职业发展目标的设定。在自我职业发展机会评估的基础上，个人需要进行职业方向和职业发展目标的设定。职业方向的选择要综合考虑多方面的因素，关键是将个体的基本条件同职业相关要求进行匹配，即职业锚、职业性是否与职业匹配，个体兴趣、特长是否与职业匹配，环境是否与职业相适应等。设定职业发展目标是职业生涯规划设计的核心。

（4）职业生涯路线的选择。职业生涯路线的选择是指个体在选择职业之后，决定应该从什么方向实现职业生涯目标，是向专业技术方向发展，还是向行政管理方向发展呢？发展方向不同，职业发展的要求和努力的方向就不同。而从另一个角度来看，职业生涯设计的路线可以是立足于原来职业的发展路线，也可以是转变职业、寻求新的职业目标和职业发展路线。不论选择什么样的职业生涯路线，都应该根据自身状况和环境的变化来决定。

（5）制订行动计划和实施策略。明确职业生涯目标后，个人应该制订相应的行动计划和实施策略来确保职业生涯目标的实现。实现职业生涯目标的行动计划包括再教育、工作、技能培训、人际关系拓展等，还包括平衡职业目标与个人其他目标（如家庭目标、生活目标）而做出的努力措施，通过这些努力确保个体在工作中的良好表现和工作业绩。行动计划和实施策略应该尽量做到详细具体、可操作性强，以便更好地落实职业生涯规划。

（6）评估与调整。任何计划都不可能做到十全十美、万无一失，而且随着个人自身状况与内外部环境条件的变化，职业生涯设计规划的适应性也会随之变化。因此，在制订和落实职业生涯规划过程中，应该不断地反馈和检验职业方向、职业目标和实施策略是否符合当时的情况，能否继续进行。如果出现不符合实际的自我评估、职业目标和实施策略，应及时进行适当的调整和修正，并总结经验教训，使其重新适应个人的职业生涯发展，促使个人职业生涯活动按步进行。

（二）组织职业生涯规划与管理

员工职业生涯规划与管理是要在组织的职业生涯规划管理工作中得到实施。因此，组织要将个人职业发展需求与组织的人力资源需求紧密联系起来，并帮助个人规划好他们的职业生涯，通过员工和组织的共同努力与合作使每个个体的职业生涯目标与组织发展目标相一致，促使员工个体职业生涯规划目标和组织职业生涯规划管理目标的互利共赢，与企业发展相吻合，这就是组织职业生涯规划管理的实质性内涵。

1. 组织职业生涯规划的原则

（1）利益结合原则。利益结合原则是指在制订组织职业生涯规划过程中，要坚持个人利益、组织利益和社会利益三者相结合的原则。坚持利益结合的原则，就要正确处理好个人发展、组织发展和社会发展三者之间的关系，寻找个人发展与组织发展的利益结合点，这样才能保证职业发展的成功。任何人都不能脱离组织和社会而独自发展，员工需要在一定的组织环境和社会环境中学习和发挥才能，没有组织和社会的承载，个人的才能或价值将无法发挥，职业目标也无法实现。同样，组织也应该承认并尊重个人的目标和价值观，并尽可能地使个人的价值观、能力和努力同组织的发展和需要联系在一起。

职业生涯开发与管理必须重视协调组织与管理人员之间的矛盾和冲突。组织的人力资源战略管理，也应该以利益结合点为基础，充分尊重每个人的性格和发展意愿。

（2）公平公正原则。公平公正原则，是指组织公平、公开和公正地开展职业生涯规划的各项工作和活动，即组织在为员工提供有关职业发展的各种信息、教育及培训机会、职业晋升机会等时，应当机会均等、条件公平，并保持较高的透明度。该原则使员工的人格、价值观受到组织尊重，感受到人人平等的待遇，能调动员工的劳动积极性。但是，平等不意味着平均，要在组织发展的不同时期采用不同的用人制度，以适当地刺激员工竞争、不断上进的心理。

（3）共同性原则。共同性原则是指职业生涯规划制订和实施过程应该由组织和员工双方共同参与完成，缺少任何一方的参与，职业生涯规划都是难以完成的，都不会达到它应有的效果。如果组织职业生涯规划脱离客观实际，忽视了员工的发展要求，那么员工只能被动接受组织安排，而不利于其个人的职业发展。如果员工刻意不参与组织职业生涯规划，那么组织的安排和用心也会化为泡影，使组织的发展和个人的发展都会受到限制。因此，为了避免双方利益都受到损失，必须坚持组织和个人共同制订和共同实施的职业生涯规划原则。

（4）时间性原则。时间性原则是指职业生涯规划中每一个目标都有两个时间坐标：起点和终点，即开始执行目标的时间和最终实现目标的时间。如果只有目标，而没有为之付出的实际行动，那么预期目标永远都不可能实现。从某种意义上来说，开始执行目标的时间比最终实现目标的时间更重要。人的职业生涯发展有不同阶段的发展周期，因此，应该将职业发展规划的内容划分为不同的时间段，而每个时间段都有两个明确的时间坐标，这样的职业生涯规划才会有其实质性意义。

（5）发展创新性原则。创新是当今时代发展的核心要素，是组织不断发展的动力源泉。同样，在组织制订职业生涯规划过程中，也应该坚持发展创新性原则，提倡采用创新的方法、创新的思路解决常规问题和新出现的问题和矛盾。在职业生涯规划与管理的过程中，应该让员工充分发挥自己的技能和潜力，积极地发挥其创造力，而不是仅仅被动地接受组织的规章制度，按部就班地工作。要让员工明白职业的成功不仅仅是职务上的提升，更重要的是工作内容的转换或增加、责任范围的扩大、创造性的增强等内在质量的变化。在职业生涯规划目标制订与实施的全过程中，都要让员工充分发挥其创新性。

（6）全面评价原则。全面评价原则是指对职业生涯规划进行全方位、多角度和全过程的评价，将评价结果反馈到组织和个人，并对存在的问题进行及时调整和修正，从而正确了解与认识员工的职业发展状况和组织对个人职业生涯规划与管理的现状。这个全面评价过程由组织、员工及其他对组织职业生涯规划有重要影响的人（如家人、朋友、职业咨询专家等）共同参与完成。

2. 组织企业生涯规划管理的措施

（1）设计职业计划图。职业计划图就是一张工作类别结构图，即通过将企业中的各项工作进行分门别类的排列，形成一个比较系统反映企业人力资源配给状况的图。借助这张图，企业的普通员工、中低层管理人员以及专业技术人员就可以瞄准自己的晋升目标，在组织的培养指导下正确选择自己的职业道路。

（2）为员工提供职业指导。企业为员工提供职业指导有三种途径：一是通过管理人员进行，这其实可以说是管理人员的义务。管理人员长期与下属共事，对下属的能力和专长有较深入的了解，所以有可能在下属适合从事的工作方面给其提供有价值的建议。另外，也能帮助下属分析晋升或调动的可能性。二是通过外请专家进行，企业可以外请专家为员工进行职业发展咨询与指导。三是向员工提供有关的自测工具，以帮助员工个人比较客观、科学地评估自己。

3. 组织职业生涯管理的一般内容

（1）在招聘时重视应聘者的职业兴趣并提供较为现实的发展机会。企业在招聘人员时既要强调职位的要求，又要重视应聘者的愿望和要求，特别要关注其基本条件。

企业在招聘时要注意的另外一点是要真实地向应聘者介绍企业的情况及未来可能的发展机会。否则，由此造成的误解将影响应聘者对企业的忠诚，增加其辞职的可能性。

（2）提供阶段性的工作轮换。工作轮换对员工的职业发展具有重要意义。它一方面可以使员工在一次次的新尝试中了解自己的职业性向和职业锚，更准确地评价自己的长处和短处；另一方面，可以使员工经受多方面的锻炼，拓宽视野，培养多方面的技能，从而为将来承担更重要的工作打下基础。

（3）提供多元化，多层次的培训。培训员工职业发展的关系最为直接，职业发展的基本条件是员工素质的提高，而且这种素质不一定要与目前的工作相关，这就有赖于持续不断的培训。企业应建立完善的培训体系，使员工在每次职业变化前都能得到相应的培训。同时，也应激励员工自行参加企业内外提供的各种培训。

（4）实行以职业发展为导向的考核。许多人都认为考核的主要目标是评价员工的绩效、态度和能力，或者是为分配、晋升提供依据。但考核的真正目的是实现激励员工进取以及促进人力资源的开发。考核不能满足于为过去做一个结论，更重要的是促使员工了解怎样在将来做得更好。以职业发展为导向的考核就是要着眼于帮助员工发现问题和不足，明确努力的方向和改进的办法，促进员工的成长与进步。为此，必须赋予管理人员培养和帮助下属的责任，把员工的发展作为衡量管理人员成绩的重要标准之一，并要求管理人员定期与员工沟通，及时指出员工的问题并与员工一起探讨改进对策。

（5）进行晋升与调动管理。晋升与调动是员工职业发展的直接表现和主要途径。企业有必要建立合理的晋升和调动的管理制度，保证员工得到公平竞争的机会。

4. 组织职业生涯管理的基本步骤

组织职业生涯规划与管理的步骤一般包括四个阶段：准备阶段、计划阶段、实施阶段、总结与反馈阶段。

（1）准备阶段。准备阶段主要是进行人力资源状况的分析，结合人力资源规划和员工职业生涯调查与访谈情况，制订符合本组织所处环境和特点的职业生涯规划与管理的政策和方法。在这一阶段，首先，要明确职业生涯规划与管理政策，确定组织实现职业生涯规划与管理的目标，帮助并指导员工进行个人职业生涯倾向诊断，进而明确整个组织人力资源状况和职业发展状况，为下一阶段职业生涯设计做好准备工作。其次，制订员工个人职业生涯规划草案和分类员工职业生涯草案，组织与编写好人力资源管理相关文件（如工作岗位说明书）中对各类职位（岗位）的特点、职责及要求进行明确的描述，对各职位（岗位）的发展方向及需求状况进行情况反馈。最后，还要充分了解与收集每一位员工的学识、态度、兴趣和爱好、职业价值观等情况，并进行归档保存和及时更新，以指导员工正确选择理想的职位，努力促使员工职业生涯的发展与其本人的兴趣、能力、特长等相匹配。

（2）计划阶段。计划阶段主要是进行员工职业生涯的设计，制订和完善计划。在上一阶段的员工个人评估、组织因素评估、社会因素评估的基础上，进行职业生涯机会评估，确定职业生涯目标，正确选择职业生涯路线，在这一阶段，组织要和员工沟通并达成一致，设计与制订好员工职业生涯规划。在人力资源规划阶段，组织在总体战略指导下，制订各相关计划，包括职位编制计划、人员补充计划、人员流动计划、人员晋升计划和薪酬调整计划等。员工职业生涯设计要以这些规则和计划为依据，尽量在个人职业生涯追求和实际需要之间达到平衡。

（3）实施阶段。这一阶段主要是根据人力资源规划和各项计划以及员工职业生涯目标，开展相关的培训、开发、评估和人员调配等活动。

第一，职业胜任化素质评估。根据单位部门和岗位的基本职责，确定各类各级的职业胜任素质要求，进一步将职业生涯管理与员工绩效管理工作结合在一起，实现员工职业生涯发展与绩效改进之间的互动，绩效评估的结果是员工职业生涯调整与决策的重要依据。

第二，开展针对性的职业培训。职业培训应在业绩、能力考评的基础上进行，以帮助员工达到职业发展目标。

第三，有效地进行职业指导。在许多大中型组织内，都设立了员工职业评估指导中心，配备了职业指导师，对员工进行职业生涯规划指导。

第四，为员工开辟职业通道。职业通道是职位变换的柔性路线，是员工顺利达到职业生涯目标的路径。设置员工职业发展通道，组织首先应建设通道，如管理系统发展通道，专业技术系统发展通道，市场系统发展通道等；其次可不拘泥于单条通道，还可以设置多条辅助通道向主通道发展。

第五，完善与运用多种策略与方法。组织要帮助员工依据组织需要和个人情况制定前程目标，找出达到目标的手段与措施。重点是协助员工在个人目标与组织实际存在的机会之间，达到更有效的结合，创造互利双赢的好结局。

组织对员工职业生涯规划管理，还要完善各项管理规章制度，灵活运用多种管理策略与方法。例如，改善员工的工作环境，包括尽量提供员工合适的工作岗位，建立企业内部的人才市场，加强员工的技能培训与继续教育，强化企业文化建设等。另外，通过人力资源规划与管理活动（如调任、轮岗、绩效评估等）结合企业的人力需求情况，尽可能提供员工的发展机会，为员工制定合理的发展目标，将组织的职业生涯规划与管理工作融入企业的总体人力资源管理活动之中。

（4）总结与反馈阶段。任何一项工作都需要总结与反馈，组织职业生涯规划与管理的总结反馈阶段，一方面，是总结每一个人职业生涯的发展情况；另一方面，是进行组织的整体职业生涯规划与管理工作的现状分析，总结经验和不足，为指导下一步的组织职业生涯规划与管理工作提供依据。许多企业现在的总结反馈方法是一年一次或半年一次的考评总结，组织内的各层级员工在规定的考评指标内，进行多层次、多方位的业绩考核，每一位员工都对一年或半年来的工作情况进行回顾与总结，反思得失，找出不足，然后针对员工职业生涯规划的内容进行自我调整，使职业生涯规划与管理工作更具客观性、科学性和实用性。

第四章 员工的管理与激励

在人力资源管理中，要重视员工的管理与激励，确保人力资源管理的有效实施，进一步调动员工工作的积极性，为各行业的健康发展打下坚实的基础。基于此，本章对员工绩效管理、薪酬与福利管理、劳动关系与社会保障、员工激励及体系设计进行论述。

第一节 员工绩效管理

绩效是指员工按照岗位职责所达到的阶段性工作业绩的结果，以及在达到阶段性结果过程中工作能力与态度的行为表现。“随着社会经济的不断发展，各企业之间的竞争力也在不断加剧，而绩效考核对于提升企业竞争力和综合实力具有相当重要的作用，员工的全面绩效客观地体现人力资本在企业中的价值，如何对员工进行合理的绩效考核是企业所关心的问题。”①

一、员工绩效的特点

第一，多因性。多因性就是指员工的绩效是受多种因素共同影响的，既有员工个体的因素，如知识、能力、价值观等，也有企业环境的因素，如组织的制度、激励机制、工作的设备和场所等。

第二，多维性。多维性就是指员工的绩效往往是体现在多个方面的，员工的工作结果和工作行为都属于绩效的范围。对员工的绩效评估必须从多方面进行考察。一般来说，我们可以从工作业绩、工作能力和工作态度三个维度来评价员工的绩效。当然，不同的维度

① 戚妙. 基于层次分析法的员工绩效考核研究［J］. 合作经济与科技，2021（02）：108.

在整体绩效中的重要性是不同的。

第三，动态性。动态性就是指员工的绩效并不是固定不变的，在主客观条件变化的情况下，绩效是会发生变动的。动态性就决定了绩效的时限性，绩效往往是针对某一特定的时期而言的。这实际上向我们解释了为什么绩效评价和绩效管理中存在一个绩效周期的问题。因此，在评价员工的绩效时，应以发展的眼光看待员工的绩效，切忌以主观僵化的观点看待。

二、员工绩效管理的目的和意义

（一）员工绩效管理的目的

绩效管理的目的主要体现在三个方面：战略、管理和开发。绩效管理能够把员工的努力与组织的战略目标联系在一起，通过提高员工的个人绩效来提高企业整体绩效，从而实现组织战略目标，这是绩效管理的战略目的。通过绩效管理，可以对员工的行为和绩效进行评估，以便适时给予相应的奖惩以激励员工，其评价的结果是企业进行薪酬管理、做出晋升决策及保留或解雇员工的决定等重要人力资源管理决策的重要依据，这是绩效管理的管理目的。在实施绩效管理的过程中，可以发现员工存在的不足，在此基础上有针对性地进行改进和培训，从而不断提高员工的素质，达到提高绩效的目的，这是绩效管理的开发目的。

（二）员工绩效管理的意义

作为人力资源管理的一项核心职能，绩效管理具有非常重要的意义，这主要表现在以下几个方面：

第一，绩效管理有助于提升企业的绩效。企业绩效是以员工个人绩效为基础而形成的，有效的绩效管理系统可以改善员工的工作绩效，进而有助于提高企业的整体绩效。

第二，绩效管理有助于保证员工行为和企业目标一致。企业绩效的实现有赖于员工的努力工作，人们对此早已达成共识。保证员工行为与企业目标一致的一个重要途径就是借助绩效管理。由于绩效考核指标对员工的行为具有导向作用，因此通过设定与企业目标一致的考核指标，就可以将员工的行为引导到企业目标上来。例如，企业的目标是提高产品质量，如果设定的考核指标只有数量而没有质量，员工就会忽视质量，从而影响到企业目标的实现。

第三，绩效管理有助于提高员工的满意度。提高员工的满意度对企业来说具有重要的意义，而满意度是与员工需要的满足程度联系在一起的。在基本的生活得到保障以后，按照需求层次理论，每个员工都会内在地具有尊重和自我实现的需要，绩效管理则从两个方面满足了这种需要，从而有助于提高员工的满意度。首先，通过有效的绩效管理，员工的工作绩效能够不断地得到改善，这可以提高他们的成就感，从而满足自我实现的需要；其次，通过完善的绩效管理，员工不仅可以参与到管理过程中来，而且可以得到绩效的反馈信息，这能够使他们感到自己在企业中受到了重视，从而满足尊重的需要。

第四，绩效管理有助于实现人力资源管理的其他决策的科学、合理。绩效管理可以为人力资源管理的其他职能活动提供准确、可靠的信息，从而提高决策的科学性和合理性。

三、员工绩效管理的步骤

绩效管理是指管理者与员工之间在确定绩效目标与如何实现绩效目标上所达成共识的过程，是增强员工成功达到绩效目标的能力、促进员工取得优异绩效的管理过程。绩效管理的目的在于提高员工的能力素质，改进与提高企业绩效水平。绩效管理是将“绩”与“效”进行最有效的结合过程，是一个在管理大系统中运行的小系统，绩效考核是绩效管理系统中的一个重要构件。

绩效管理的一般步骤如下：

第一，绩效计划。绩效计划是整个绩效管理系统的起点，是指在绩效周期开始时，由上级和员工一起就员工在绩效考核期内的绩效目标、绩效过程和手段等进行讨论并达成一致。当然，绩效计划并不是只在绩效周期开始时才会进行，实际上它往往会随着绩效周期的推进而不断做出相应的修改。

第二，绩效沟通。绩效沟通是指在整个绩效期间，通过上级和员工之间持续的沟通来预防或解决员工实现绩效时可能发生的各种问题的过程。

第三，绩效考核。绩效考核是指确定一定的考核主体，借助一定的考核方法，对员工的工作绩效做出评价。

第四，绩效反馈。绩效反馈是指绩效周期结束时在上级和员工之间进行绩效考核面谈，由上级将考核结果告诉员工，指出员工在工作中存在的不足，并和员工一起制订绩效改进的计划。绩效反馈的过程在很大程度上决定了组织实现绩效管理目的的程度。

四、员工绩效的计划

绩效计划是管理者和员工就绩效周期内应该实现的绩效结果进行沟通的全过程，并将沟通的结果落实为订立正式书面协议即绩效计划和评估表，它是双方在明晰责、权、利的基础上签订的一个内部协议。

制订绩效计划的主要依据是工作目标和工作职责。在绩效计划阶段，管理者和员工之间需要在对员工绩效的期望问题上达成共识。在共识的基础上，员工对自己的工作目标做出承诺，管理者和员工共同的投入和参与是进行绩效管理的基础。

（一）绩效计划的作用

绩效计划对于整个绩效管理工作的成功与否甚至组织的发展都具有重要影响，主要体现在以下几个方面：制订行动计划，指导整个绩效管理四个环节的有效实施。增强后续工作的计划性，有效降低浪费和冗余。设定考核指标和标准，有利于组织对员工工作的监控和指导。同时，也为考核工作提供了衡量指标，使考核得以公正、客观、科学地进行，容易获得员工的认可。员工参与计划的制订，可以增强员工的参与感和受重视感，同时，也提高了员工对绩效目标的承诺。绩效计划是将组织战略目标和员工的考核指标相结合的重要环节，只有经过这一环节，才能使绩效考核和绩效管理上升到战略的高度，有助于组织战略的实现。

（二）制订绩效计划的原则

第一，参与原则。参与原则即管理者与员工共同参与绩效计划的制订。管理者已经不同程度地参与了计划的制订，如果给他们更多的参与机会和自主权，他们的工作成效会截然不同；而对普通员工来说，这种参与就更为重要，长期被压抑和漠视的创造力一旦被发掘，将会成为组织最宝贵的动力源泉。

第二，系统性原则（系统管理原理）。系统性原则指员工各层次的计划安排，不同期限的计划安排，都要贯彻系统的思想。个人计划必须服从总体计划，脱离总目标是不可取的。最终达到 1+1>2 的目的。

第三，限制因素原则。限制因素也被称为“木桶原理”，即木桶能盛多少水，取决于桶壁上最短的那块木板，所以在制订绩效计划时，各个层次的员工要充分考虑自己的知识能力、精力、可支配的资源、可获得的支持等各种因素，找出自己最短的那块木板，量力而行。

第四，承诺原则。任何计划都是对完成工作所做出的承诺，承诺的越多，计划期限就越长，实现承诺的可能性就越小。计划应当反映当前决策对未来的影响，而不是对未来的决策。

第五，灵活性原则。计划的灵活性越大，由未来意外事件而引起损失的危险性就越小。但是，计划要具有灵活性是要付出代价的。因此，要把付出的灵活性成本与它所带来的好处相权衡。一是在制订计划时要留有余地；二是制订计划要有较大的弹性，并有应对紧急情况的处理方案。

第六，导向变化原则。由于计划是不可能面面俱到的，环境在不断地变化，因此，要定期进行检查和调整，修正计划。

（三）绩效计划的基本过程

在制订计划时，管理人员需要根据上一级部门的目标，并围绕本部门的职责、业务重点以及客户（包括内部各个部门）对本部门的需求来制订本部门的工作目标。绩效目标大致有三个主要来源：一是上级部门的绩效目标；二是职位职责；三是内外部客户的需求。管理人员在制订绩效计划时一定要综合考虑以上三个方面的来源。一般来说，绩效计划包括三个阶段：准备阶段、沟通阶段、绩效计划的审定与确认阶段。

在准备阶段，管理人员需要了解：组织的战略发展目标和计划，企业年度经营计划，部门的年度工作重点，员工所在职位的基本情况，员工上一绩效周期的绩效考核结果等信息；同时，管理人员还需要决定采用什么样的方式来进行绩效计划的沟通。

在沟通阶段，管理人员与员工主要通过对环境的界定和能力的分析，确定有效的目标，制订绩效计划，并就资源分配、权限、协调等可能遇到的问题进行讨论。一般情况下，绩效计划沟通时应该至少回答这四个问题：该完成什么工作？按照什么样的程序完成工作？何时完成工作？需要哪些资源与支持？

在绩效计划的审定与确认环节，管理人员需要与员工进一步确认绩效计划，形成书面绩效合同，并且管理人员与员工都需要在该文档上签字确认。需要补充的是，在实际工作中，绩效计划一经订立并不是不可改变，环境总是在不断发生变化，在计划的实施过程中往往需要根据实际情况及时对绩效计划进行调整。

由于绩效计划的结果是绩效合同，因此很多管理人员过分关注最终能否完成绩效合同。实际上，最终的绩效合同很重要，制订绩效计划的过程也非常重要。在制订绩效计划的过程中，管理人员必须认识到，绩效计划是一个双向的沟通过程，一方面，管理人员需要向员工沟通部门对员工的期望与要求；另一方面，员工也需要向管理人员沟通自己的认识、疑惑、可能遇到的问题及需要的资源等。而且，在制订绩效计划的过程中，员工的参与和承诺也是至关重要的因素。因为按照目标激励理论的解释，只有当员工承认并接受某一目标时，这一目标实现的可能性才比较大。通过员工的参与，员工对绩效目标的承诺与接受程度就会比较高，从而有助于绩效目标的实现。

（四）绩效计划的内容

1. 绩效考核的目标

绩效考核目标，又称绩效目标，是对员工在绩效考核期间工作任务和工作要求所做的界定。本章所讲的绩效考核目标体系就是绩效指标体系。这是对员工进行绩效考核时的参照系。绩效目标由绩效内容和绩效标准组成。

（1）绩效内容。绩效内容界定了员工的工作任务，也就是员工在绩效考核期间应当做什么事情，它包括绩效项目和绩效指标两部分。绩效项目是指绩效的维度，即要从哪些方面来对员工的绩效进行考核。按照前面所讲的绩效的含义、绩效的维度，即绩效考核项目主要有三个：工作业绩、工作能力和工作态度。

绩效指标是指绩效项目的具体内容，可以理解为对绩效项目的分解和细化。对于工作业绩，设定指标时一般要从数量、质量、成本和时间这四个方面进行考虑；对于工作能力和工作态度，则要具体情况具体对待，根据各个职位不同的工作内容来设定不同的指标。绩效指标的确定，有助于保证绩效考核的客观性。确定绩效指标时，应当注意以下几个问题：

第一，绩效指标应当有效。绩效指标应当涵盖员工的全部工作内容，这样才能够准确地评价出员工的实际绩效。这包括两个方面的含义：一是指绩效指标不能有缺失，员工的全部工作内容都应当包括在绩效指标中；二是指绩效指标不能有溢出，职责范围以外的工作内容不应当包括在绩效指标中。

有效的绩效指标是绩效指标和实际工作内容这两个圆重叠的部分，左边的阴影表示绩效指标的溢出，右边的阴影表示绩效指标的缺失。这两个圆重叠的部分越大，说明绩效指标的有效性越高。为了提高绩效指标的有效性，应当依据职位说明书的内容来确定绩效指标。

第二，绩效指标应当具体。指标要明确地指出到底要考核什么内容，不能过于笼统，否则考核主体就无法进行考核。例如，在考核老师的工作业绩时，“授课情况”就是一个不具体的指标，因为授课情况涉及很多方面的内容。如果使用这一指标进行考核，考核主体就会无从下手，应当将它分解成以下几个具体的指标：“上课的准时性”“讲课内容的逻辑性”“讲课方式的生动性”，这样在考核时就更有针对性。

第三，绩效指标应当明确。当指标有多种不同的理解时，应当清晰地界定其含义，不能让考核主体产生误解。例如，对“工程质量达标率”这一指标就有两种不同的理解：一是指“质量合格的工程在已经完工的工程中所占的比率”，二是指“质量合格的工程在应该完工的工程中所占的比率”。这两种理解就有很大的差别，因此应当指明到底是按照哪种含义来进行考核。

第四，绩效指标应当具有差异性。这包括两个层次的含义：一是指对于同一个员工来说，各个指标在总体绩效中所占的比重应当有差异，因为不同的指标对员工绩效的贡献不同。例如，对总经理办公室主任来说，相对而言，公关能力就比计划能力更重要。这种差异性是通过各个指标的权重来体现的。二是指对于不同的员工来说，绩效指标应当有差异，因为每个员工从事的工作内容是不同的，例如，销售经理的绩效指标就应当和生产经理的不完全一样。此外，即便有些指标是一样的，权重也应当不一样，因为每个职位的工作重点不同。例如，计划能力对企业策划部经理的重要性就比法律事务部经理的要大。

第五，绩效指标应当具有可变性。这也包括两个层次的含义：一是指在不同的绩效周期，绩效指标应当随着工作任务的变化而有所变化。例如，企业在下个月没有招聘计划但是有对新员工的培训计划，那么人力资源经理下个月的绩效指标中就不应当设置有关招聘的指标，而应当增加有关培训的指标。二是指在不同的绩效周期，各个指标的权重也应当根据工作重点的不同而有所区别，职位的工作重点一般是由企业的工作重点决定的。例如，企业准备在下个月重点提高产品的质量，那么在整个绩效指标中，质量指标所占的比重就应当相应地提高，以引起员工对质量的重视。

（2）绩效标准。设定了绩效指标之后，就要确定绩效指标达成的标准。绩效标准是对员工工作要求的进一步明确，即对员工绩效内容做出明确的界定；员工应当怎样来做或者做到什么程度。例如，“产品的合格率达到90%”“接到投诉后两天内给客户以满意的答复”等。绩效标准的确定有助于保证绩效考核的公正性，否则就无法确定员工的绩效到底如何。确定绩效标准时，应当注意以下几个问题：

第一，绩效标准应当明确。按照目标激励理论的解释，目标越明确，对员工的激励效果就越好，因此，在确定绩效标准时应当具体清楚，要求尽可能地使用量化的标准。

第二，绩效标准应当适度。绩效标准的制订应当在员工可以实现的范围内确定。

第三，绩效标准应当有灵活性。这包括两个层次的含义：一是指对于同一个员工来说，在不同的绩效周期，随着外部环境的变化，绩效标准有可能也要变化。例如，对于空调销售员来说，由于销售有淡季和旺季之分，因此淡季的绩效标准就应当低于旺季。二是指对于不同的员工来说，即使在同样的绩效周期，由于工作环境的不同，绩效标准也有可能不同。仍以空调销售员为例，有两个销售员，一个在昆明工作，一个在广州工作。出于气候原因，昆明的人对空调基本上没有需求，而广州的人需求则比较大。因此，这两个销售员的绩效标准就应当不同，在广州工作的销售员的绩效标准就应当高于在昆明工作的销售员。

2. 绩效考核的周期

绩效考核周期，也叫绩效考核期限，是指多长时间对员工进行一次绩效考核。由于绩效考核需要耗费一定的人力、物力，因此，考核周期过短会增加企业管理成本的开支。但是，绩效考核周期过长又会降低绩效考核的准确性，不利于员工工作绩效的改进，从而影响绩效管理的效果。因此，在准备阶段，还应当确定出恰当的绩效考核周期。在确定绩效考核周期时，要考虑以下几个因素：

（1）职位的性质。不同的职位，工作的内容是不同的，因此，绩效考核的周期也应当不同。一般来说，职位的工作绩效比较容易考核的，考核周期相对要短一些，如工人的考核周期相对就应当比管理人员的短。另外，职位的工作绩效对企业整体绩效的影响比较大的，考核周期相对要短一些，这样有助于及时发现问题并进行改进，如销售职位的绩效考核周期就应当比后勤职位的短。

（2）指标的性质。不同的绩效指标，其性质是不同的，考核的周期也应当不同。一般来说，性质稳定的指标，考核周期相对要长一些；相反，考核周期相对就要短一些。例如，员工的工作能力比工作态度相对稳定一些，因此，能力指标的考核周期相对比态度指标就要长一些。

（3）标准的性质。在确定考核周期时，还应当考虑绩效标准的性质，就是说考核周期的时间应当保证员工经过努力能够实现这些标准，这一点其实是与绩效标准的适度性联系在一起的。例如，“销售额为 50 万元”这一标准，按照经验需要两周左右的时间才能完成，如果将考核周期定为一周，员工根本就无法完成；如果定为四周，又非常容易实现。在后两种情况下，对员工的绩效进行考核都是没有意义的。

五、员工绩效的沟通

绩效沟通是指在绩效管理的过程中管理者与被管理者双方就工作绩效方面的问题进行的交流。绩效沟通的必要性体现在以下三个方面：一是作为绩效考评基础的目标责任书、工作计划表必须在有效沟通的基础上完成；二是正向激励作用的发挥需要通过有效的双向沟通来实现；三是有效的绩效沟通是提升管理者素质的重要手段。它包括绩效目标沟通、绩效辅导沟通、绩效反馈沟通和绩效改进沟通。

绩效沟通贯穿绩效管理过程的始终，在其流程中的任何一个环节都发挥着重要的作用。管理者和员工经过沟通达成一致的绩效目标之后，还需要不断地对员工的工作表现和工作行为进行监督管理，监控过程中的绩效，才能帮助员工获得最终的优秀绩效。在整个绩效沟通周期内，管理者采用恰当的领导风格，积极指导下属工作，与下属进行持续的绩效沟通，预防或解决实现绩效时可能发生的各种问题，以期更好地完成绩效计划，这个过程就是绩效沟通，又称绩效跟进或绩效监控。在绩效沟通的阶段，管理人员需要选择恰当的领导风格、与员工的持续沟通、辅导与咨询、搜集绩效信息等，这几个方面也是决定绩效跟进过程中的监管是否有效、跟进是否成功的关键点。下面将对这几个关键点进行简要介绍：

（一）选择恰当的领导风格

在绩效跟进阶段，领导者要选准恰当的领导风格，指导下属的工作，与下属进行沟通。在这一过程中，管理者处于极为重要的地位，管理者的行为方式和处事风格会极大地影响下属工作的状态，这要求管理者能够在适当的时候采取适当的管理风格。涉及领导风格的权变理论主要有领导情景理论、路径—目标理论、领导者—成员交换理论等。下面将简要介绍其中获得广泛认可的领导情景理论：

领导情景理论认为，领导的成功来自选择正确的领导风格，而领导风格的有效与否还与下属的成熟度相关。所谓下属的成熟度，是指员工完成某项具体任务所具备的能力和意愿程度，根据能力和意愿两个维度将其分为四种不同的类型：无能力无意愿、无能力有意愿、有能力无意愿、有能力有意愿。

随着下属成熟度的变化，管理者的管理风格也应该相应地做出调整。当下属对完成某项任务既没有能力又不情愿时，管理者需要给他们明确的指示行为，告知他们该如何去做；当下属不具备能力却愿意从事该工作时，上级应表现出高任务高关系的推销风格；当下属具备相应的能力但工作意愿不强时，上级表现出高关系低任务的参与风格最有效；当下属既有能力又有意愿的时候，管理者则不需要做太多的事情，只要授权即可。

（二）与员工的持续沟通

在确定了绩效目标后，管理者还应当保持与员工的沟通，帮助员工实现这一目标。在绩效跟进的过程中，管理人员与员工需要进行持续的沟通，达到以下目的：①通过持续沟通对绩效计划进行调整；②通过持续沟通向员工提供进一步的信息，为员工绩效计划的完成奠定基础；③通过持续沟通，让管理人员了解相关信息，以便日后对员工的绩效进行客观的评估，同时也在绩效计划执行发生偏差的时候及时了解相关信息，并采取相应的调整措施。

一般来说，管理人员与员工的持续沟通可以通过正式的沟通与非正式的沟通来完成。

正式的沟通有：书面报告，如工作日志、周报、月报、季报、年报等；会议；正式面谈。非正式的沟通方式多种多样，常用的非正式沟通方式有：走动式管理；开放式办公室；休息时间的沟通；非正式的会议。与正式的沟通相比，非正式的沟通更容易让员工开放地表达自己的想法，沟通的氛围也更加宽松。作为管理人员，应该充分利用各种各样的非正式沟通机会。

（三）辅导与咨询

1. 辅导

辅导是一个改善个体知识、技能和态度的技术。辅导的主要目的：①及时帮助员工了解自己工作进展情况如何，确定哪些工作需要改善，需要学习哪些知识和掌握哪些技能。②必要时指导员工完成特定的工作任务。③使工作过程变成一个学习过程。“好”的辅导具有这样一些特征：辅导是一个学习过程，而不是一个教育过程；管理者应对学习过程给予支持；反馈应该具体、及时，并集中在好的工作表现上。

进行辅导的具体过程：第一，确定员工胜任工作所需要学习的知识、技能，提供持续发展的机会，掌握可迁移的技能；第二，确保员工理解和接受学习需要；第三，与该员工讨论应该学习的内容和最好的学习方法；第四，让员工知道如何管理自己的学习，并确定在哪个环节上需要帮助；第五，鼓励员工完成自我学习计划。第六，在员工需要时，提供具体指导；第七，就如何监控和回顾员工的进步达成一致。

2. 咨询

有效的咨询是绩效管理的一个重要组成部分。在绩效管理实践中，进行咨询的主要目的：当员工没能达到预期的绩效标准时，管理者借助咨询来帮助员工克服工作过程中遇到的障碍。在进行咨询时要做到：①咨询应该及时，也就是说，应该在问题出现后立即进行咨询。②咨询前应做好计划，咨询应在安静、舒适的环境中进行。③咨询是双向的交流。管理者应该扮演“积极的倾听者”的角色，这样，能使员工感到咨询是开放的，并鼓励员工多发表自己的看法。④不要只集中在消极的问题上。谈到好的绩效时，应比较具体，并说出事实依据；对不好的绩效应给予具体的改进建议。⑤要共同制订改进绩效的具体行动计划。

咨询过程包括三个主要阶段：①确定和理解，即确定和理解所存在的问题；②授权，帮助员工确定自己的问题，鼓励他们表达这些问题，思考解决问题的方法并采取行动；③提供资源，即驾驭问题，包括确定员工可能需要的其他帮助。

（四）搜集绩效信息

1. 作用

在绩效跟进阶段，很有必要对员工的绩效表现做一些观察和记录，搜集必要的信息。这些记录和搜集到的信息的主要作用体现在以下方面：①为绩效考核提供客观的事实依据。有了这些信息以后，在下一阶段对员工绩效进行考核的时候，就有了事实依据，有助于我们对员工的绩效进行更客观的评价。②为绩效改善提供具体事例。进行绩效考核的一个目的就是不断提升员工的能力水平。通过绩效考核，我们可以发现员工还有哪些需要进一步改进的地方，而这些搜集到的信息则可以作为具体事例，用来向员工说明为什么他们还需要进一步改进与提升。

2. 方法

在绩效跟进阶段，管理人员需要搜集的信息有能证明目标完成情况的信息，能证明绩效水平的信息，关键事件。搜集绩效信息常用的方法有观察法、工作记录法和他人反馈法。

（1）观察法。观察法是指管理人员直接观察员工在工作中的表现，并如实记录。

（2）工作记录法。员工的某些工作目标完成情况是可以通过工作记录体现出来的，如销售额、废品数量等。

（3）他人反馈法。他人反馈法是指从员工的服务对象或者在工作中与员工有交往的人那里获取信息。比如，客户满意度调查就是通过这种方法获取信息的典型方法。不管采用哪种方法搜集信息，管理人员都需要做到客观，只是如实地记录具体事实，而不应搜集对事实的推测信息。

六、员工绩效的考核

绩效考核，也称绩效评价，就是指在考核周期结束时，选择相应的考核主体和考核方法，收集相关的信息，对员工完成绩效目标的情况做出考核。绩效考核结果会对人力资源管理的其他职能产生重要影响，也关系着员工的切身利益，受到全体员工的重视。为了确保绩效考核结果的公正性、客观性和科学性，企业应该建立一套科学的绩效考核流程。

第一，确立目标。这一步骤需要明确组织的战略目标、选择考核对象。这一过程主要在绩效计划中实现：使用平衡计分卡和关键绩效指标两种考核工具。考核指标体系的建立都是源于组织的使命和战略目标。同时，BSC 和 KPI 都是对组织战略目标的层层分解，由组织目标到部门目标再到员工个人目标，利用这些目标分别对组织层面、部门层面和个人的绩效进行评价。这里不再赘述。

第二，建立评价系统。建立评价系统包括三个方面的内容：确定评价主体、构建评价指标体系、选择适当的考核方式。其中，构建指标体系在前面的绩效计划部分已有介绍，即通过 BSC 和 KPI 进行指标体系的构建。对于考核主体和考核方式，会在后面做详细阐述。

第三，整理数据。把在绩效跟进阶段所收集到的数据进行整合与分析，按照考核指标和标准进行界定、归类。在这一过程中，要尽量减少主观色彩，以客观事实和客观标准来进行，以保证最终考核结果的公正、客观。

第四，分析判断。在这一阶段，需要对信息进行重新整合，按照所确定的评价方式对评价对象进行最终的判断。

第五，输出结果。考核结束后，需要得出一个具体的考核结果，考核结果既要包括绩效得分和排名，也应该对绩效结果进行初步的分析，找出优秀或不足的原因，以供后面反馈和改进之用。

七、员工绩效的反馈

绩效考核实施阶段结束后，接着就是反馈阶段，这一阶段主要是完成绩效反馈的任务，即上级要就绩效考核的结果与员工进行面对面的沟通，指出员工在绩效考核期间存在的问题，并共同制订出绩效改进的计划，既保证绩效的改进，又对绩效改进计划的执行效果进行跟踪。此外，还需要根据绩效考核的结果对员工进行相应的奖惩。所以，绩效反馈并不只是如字面意思那样，将绩效考核的结果反馈给员工，更重要的是与上级和员工共同探讨绩效不佳的原因，并制订绩效改进计划，以提升绩效。同时，在绩效考核结果出来以后，企业还需要利用考核结果进行相应的奖惩和人事决策的制定。综合来说，这个过程涉及两个方面的内容：绩效反馈、绩效考核结果的运用。而绩效考核结果的运用又包括两方面的内容：绩效改进和相关人事决策的制定。下面，将按照这个顺序进行说明和阐述。

（一）绩效反馈内容

1. 反馈面谈的准备工作

为了确保绩效反馈面谈达到预期的目的，管理者和员工双方都需要做好充分的准备。

（1）管理者的准备

第一，选择适当的面谈主持者。面谈主持者应该由人力资源部门或高层管理人员担任，而且最好选择那些参加过绩效面谈培训、掌握相关技巧的高层管理人员作为面谈主持者。因为他们在企业中处于关键位置，能够代表企业组织的整体利益，而且可以适应员工吐露心声的需要，从而有助于提高面谈的质量和效果。

第二，选择适当的面谈时间和地点。由于面谈主要是针对员工绩效结果来进行的，因此，在一般情况下，选择在员工的绩效考核结束后，在得出了明确的考核结果且准备较充分的情况下及时地进行面谈，时机最佳。

具体的面谈地点可以根据情况需要灵活地掌握，可以选择管理者的办公室、专门的会议室或者咖啡厅之类的休闲场所等。当然，在面谈过程中营造良好的面谈氛围也是重要的，如尽量避免面谈中出现接打电话、接待访客等情况。

第三，熟悉被面谈者的相关资料。面谈之前，面谈者应该充分了解被面谈员工的各方面情况，包括教育背景、家庭环境、工作经历、性格特点、职务及业绩情况等。

第四，计划好面谈的程序和进度。面谈者事先要将面谈的内容、顺序、时间、技巧等计划好，自始至终地掌握好面谈的进度。

（2）员工的准备。

第一，重新回顾自己在一个绩效周期内的行为态度与业绩，收集准备好自己相关绩效的证明数据材料。

第二，对自己的职业发展有一个初步的规划，正视自己的优缺点。

第三，总结并准备好在工作过程中遇到的相关的疑惑问题，反馈给面谈者，请求组织的理解帮助。

2. 面谈的实施

面谈的主要内容是讨论员工工作目标考核的完成情况，并帮助其分析工作成功与失败的原因及下一步的努力方向，同时，提出解决问题的意见和建议，求得员工的认可和接受。谈话中应注意倾听员工的心声，并对涉及的客观因素表示理解和同情。对敏感问题的讨论应集中在缺点上，而不应集中在个人上，要最大限度地维护员工的自尊，使员工保持积极的情绪，从而使面谈达到增进信任、促进工作的目的。

3. 反馈面谈结束后的工作

为了将面谈的结果有效地运用到员工的工作实践当中，在面谈结束后，要做好两方面的工作：

（1）对面谈信息进行全面的汇总记录。就是将此次面谈的内容信息列出，如实地反映员工的情况，同时绘制出一个员工发展进步表，帮助员工全面了解自己的发展状况。

（2）采取相应对策提高员工的绩效。面谈的结果应该有助于员工的绩效提高。经过面谈，一方面，对于员工个人来说，可以正确了解到自己的绩效影响因素，提高改进绩效的信心和责任；另一方面，企业全面掌握了员工心态状况，据此进行综合分析，结合员工的各方面原因，有的放矢地制订员工教育、培养和发展计划，真正帮助员工找到提高绩效的对策。

（二）绩效考核结果的运用

绩效考核结果是组织花费了大量成本获得的，对改进企业的绩效和强化企业管理都具有重要的作用和价值，但是目前却有很多企业不重视对绩效考核结果的运用。绩效考核结果的运用包括两个层次的内容：①改进作用，即对绩效考核的结果进行分析，诊断员工存在的绩效问题，找到产生问题的原因，制订绩效改进计划，帮助员工提高绩效；②管理作用，即根据绩效考核结果做出相关的人力资源管理决策。

为了便于考核结果的运用，往往需要计算出最后的考核结果，并将结果区分成不同的等级。当绩效考核结果用于不同的方面时，绩效项目在最终结果中所占的权重也应当有所不同。不管用哪种指标权重计算方法，绩效考核最终结果都要与薪酬挂钩。

1. 绩效改进

绩效管理的根本目的就是要不断提高员工和企业的绩效，以实现企业的发展目标，所以利用绩效考核结果来帮助员工提高绩效，是考核结果运用的一个非常重要的方面。绩效改进是一个包括一系列活动的过程：①分析员工的绩效考核结果，明确其中存在的不足和问题；②和员工一同沟通，针对存在的问题制订绩效改进目标和绩效改进计划，并与员工达成一致；③以绩效改进计划补充绩效计划，进入下一个绩效考核周期，适时指导和监控员工的行为，与员工保持沟通，帮助员工实现绩效计划。

（1）绩效诊断。绩效诊断的过程包括两层内容：指明绩效问题和分析问题出现的原因。绩效诊断通过绩效反馈面谈来实现。绩效反馈面谈提供了一个正式场合，既让员工接受自己绩效的反馈，提高了员工的重视程度；同时也能够在面谈中获得员工的意见、申诉和反馈。诊断员工的绩效问题通常有两种思路：①从知识、技能、态度和环境四个方面着手分析绩效不佳的原因；②从员工、主管和环境三个方面来分析绩效问题。

（2）制订绩效改进计划。在绩效改进过程中，员工和直接上级都扮演着非常重要的角色。员工个人对自己的绩效负有责任，应尽力提高自己的绩效，以胜任工作岗位的职责要求；直接上级也应该对员工提供指导和支持，以帮助员工顺利提高绩效。

第一，个人绩效改进计划。制订个人绩效改进计划，应包括以下几方面的内容：首先，回顾自己上个周期内的工作表现、工作态度及反馈面谈中所确认的绩效病因，思考如何通过自己的努力去改善绩效不佳的状况。其次，制订一套完整的个人绩效改进计划，针对每项不良的绩效维度提出个人可以采取的改进措施，如需要学习的新知识和技能；通过何种方式实现，如向老员工讨教、接受哪些培训、再学习等；需要实现的掌握程度和时间框架等。最后，针对改进措施，向组织提出必要的资源支持，综合调配自己的时间和可以利用的现实资源，以确保改进措施能够付诸实现。当然，个人绩效改进计划需要组织的支持和上级的配合，所以应该在制订个人绩效改进计划完毕后，与上级主管沟通，获得他的认可。

第二，组织绩效改进支持。上级和组织的支持对员工的绩效改进具有重要的作用。上级在这个过程中所需要从事的工作主要包括：①凭借自己的经验为员工提供建议，告诉他改进绩效的过程中，员工需要或可以采取哪些措施来实现目标，帮助员工制订个人改进计划。②针对员工的计划，提出自己的完善意见，确保该计划是现实可行的，并且对绩效改进确实有帮助。③为员工提供必要的支持和帮助，如准假等，满足员工的需求。④管理者也可以从组织的角度出发，为员工指定导师或让员工参与某些通用的培训课程。

（3）指导和监控。在制订绩效改进计划之后，员工进入下一个绩效改进周期，管理者在这个过程中要保持与员工不断的沟通，适时向员工提供指导和辅助，帮助员工克服改进过程中所遇到的困难，避免员工再次出现偏差，确保在下一个绩效考核周期中，员工的绩效能够顺利实现提升。

2. 考核决策

将绩效考核结果作为依据做出人力资源管理决策，其内容包括以下几个方面：

（1）薪酬奖金的分配。按照强化理论的解释，当员工的工作结果或行为符合企业的要求时，应当给予正强化，以鼓励这种结果或行为；当工作结果或行为不符合企业的要求时，应当给予惩罚，以减少这种结果或行为的发生。因此，企业应当根据员工绩效考核的结果给予他们相应的鼓励或惩罚。最直接的奖惩体现在薪酬的变动中，一般来说，为增强薪酬的鼓励效果，员工的报酬有一部分是与绩效挂钩的，当然，不同性质的工作，挂钩的比例有所不同。根据绩效的好坏来调整薪资待遇或给予一次性奖金鼓励等，有助于员工继续保持努力工作的动力。

（2）职务的调整。绩效考核结果是员工职位调动的重要依据，这里的调动不仅包括纵向的升降，也包括横向的岗位轮换。如果员工在某岗位上绩效非常突出，则可以考虑将其适当调到其他岗位上锻炼或承担更大的责任；如果员工不能胜任现有的工作，在查明原因后可以考虑将其调离现有岗位，去从事他能够胜任的工作岗位。另外，对于调换多次岗位都无法达成绩效标准的员工，则应该考虑解聘。

（3）员工培训。培训的目的包括两方面：帮助员工提高现有的知识与技能，使其更好地完成目前岗位的工作；开发员工从事未来工作的知识与技能，使其更好地胜任未来将要从事的工作。绩效考核结果正好可以为员工的培训与开发提供依据，根据员工现任工作绩效的好坏，决定让员工参与何种培训和再学习。

（4）员工的职业生涯规划。根据员工目前的绩效水平和长期以来的绩效提高和培训过程，和员工协商制订长远的绩效与能力改进的系统计划，明确其在企业中发展途径。

第二节　薪酬与福利管理

现代企业吸引和留住人才最重要的一点是企业的薪酬管理是否合理。薪酬激励作用运用得当，能够很好地激励员工。薪酬是劳动者的工作报酬，是影响员工选择在某个组织而不是其他组织工作的一个重要因素。在员工心中，薪酬绝不简单是工资单上的钱的数额，它代表了身份、地位，以及在企业中的业绩，甚至个人的能力、品行、发展前景。为了吸引和留住有能力的员工而准备了多种薪酬类型的企业必定更有竞争力。

一、员工薪酬的性质

薪酬是同商品货币关系相联系的一个范畴。从生产力的角度看，它是企业生产或其他经济活动中投入的活劳动的货币资金表现形式。在市场经济条件下，企业可以借助薪酬来计量生产中所消耗的活劳动。从生产关系的角度，薪酬体现为收入分配的结果。它的性质和特点是由一定的生产关系决定的。生产关系不同，薪酬的性质和特点也就不同。

薪酬在企业内部和社会上，是一种地位的象征；薪酬是一种政治概念，因为企业、工会和雇员个人都可以运用它们的力量来影响工资；薪酬又是一种公平概念，既包括内部公平也包括外部公平，也就是说报酬应该与员工的贡献相符。总之，薪酬是一个多学科的概念，因为不同的学科可以从不同的角度对薪酬加以研究。

二、员工薪酬管理的意义与作用

（一）薪酬管理的意义

薪酬管理作为人力资源管理的一个重要组成部分，对于调动员工积极性、挖掘员工潜力、实现组织经营战略目标等均起着不可替代的作用。薪酬管理是指企业在经营战略的指导下，综合考虑内外各种因素的影响，针对所有员工所提供的服务来确定他们的薪酬水平、薪酬结构和薪酬形式，并进行薪酬调整和薪酬控制的整个过程。薪酬水平是指组织内部各类职位一级组织整体平均薪酬的高低情况，它反映了组织支付薪酬的外部竞争性。因为员工会将本人的薪酬与外部劳动力市场或其他企业中从事同样工作的员工所获得的薪酬进行比较。这种比较结果常常会影响到求职者是否选择到本组织来工作，或者影响组织中现有员工是否会做出跳槽决策。

薪酬结构是指组织内部各个职位之间薪酬的相互关系，它反映了组织支付薪酬的内部一致性。员工经常会把自己的薪酬与比自己等级低的、等级相同的，以及等级高的职位上员工所获得的报酬进行对比，以此来判断组织对本人所从事工作所支付的薪酬是否公平。

薪酬形式是指在员工和组织的总体薪酬中，不同类型的薪酬组合方式。

薪酬调整是指组织根据内外部环境各种因素的变化，对薪酬水平、薪酬结构和薪酬形式进行相应的变动。

薪酬控制是指组织对支付的薪酬总额进行测算和监控，以维持正常的薪酬成本开支，避免给企业带来过重的财务负担。

（二）薪酬管理的作用

薪酬管理作为人力资源管理的主要职能活动之一，其具有非常重要的意义，主要体现在以下几个方面：

第一，有助于企业吸引和保留优秀的员工。这是薪酬管理最基本的作用，组织支付的薪酬，是员工最主要的经济来源，是他们生存的重要保证。薪酬管理的有效实施，能够给员工提供可靠的经济保障，从而有助于吸引和保留优秀的员工。

第二，有助于实现对员工的激励。人们的行为都是在需要的基础上产生的，对员工进行激励的支点就是满足其没有实现的需要。根据五层次需求理论，人们存在着五个层次需求，实行有效的薪酬管理能够不同程度地满足这些需求，从而能够实现对员工的激励。薪酬水平的高低也是员工绩效水平的反映，较高的薪酬表明员工具有较好的绩效，这可以在一定程度上满足他们尊重和自我实现的需要。

第三，有助于改善组织的绩效。薪酬管理的有效实施，能够对员工产生激励作用，提高他们的工作绩效，而每位员工个人绩效的改善必然使整个组织绩效得到提升。此外，薪酬管理对组织绩效的改善还表现在降低成本方面，对于任何组织来说，薪酬都是一项重要的成本开支，通过有效的薪酬管理，企业可以控制自己的总成本，进而可以提高组织的竞争力，从而提升组织的经营绩效。

第四，有助于塑造良好的企业文化。良好的企业文化对于组织的生存发展有着重要的作用，有效的薪酬管理则有助于塑造良好的组织文化。首先，薪酬是进行企业文化建设的物质基础，员工的生活也因此能够得到有效保障；其次，组织的薪酬政策本身就是企业文化的一部分内容，如奖励的导向、公平的观念等。

三、员工薪酬的功能

薪酬代表了企业和员工之间的一种利益交换关系。因此，对于薪酬的功能可以从企业和员工两个角度来理解。对于企业而言，薪酬是控制经营成本、改善经营绩效，以及提高竞争力的重要手段。对于员工而言，薪酬主要起到保障功能、激励功能，以及价值实现功能等方面的作用。下面分别进行分析：

（一）从企业角度来看

第一，激励功能。薪酬是对劳动者和经营者绩效的一种评价，对员工的工作态度、工作行为和工作绩效都有褒奖与贬罚作用。薪酬不仅决定企业可以招募到的员工数量和质量，决定企业中的人力资源存量，还决定了现有员工受到的激励程度，进而影响到员工的工作效率、出勤率和组织承诺水平。

第二，配置功能。为促进人力资源的有效配置，可以发挥薪酬的引导作用，用“高能高薪”吸引人才。因为人们一般会倾向于流向薪酬水平较高的地区与职位。

第三，塑造和强化企业文化功能。合理和富有激励性的薪酬制度有助于企业塑造良好的企业文化，或者能对企业文化起到积极的强化作用。同样的薪酬可能产生合作文化，也可能产生雇佣文化。如果薪酬制度与企业文化或价值观之间存在冲突，那么它会对企业文化和价值观产生严重的消极影响。

对于企业来说，薪酬成本是成本支出的重要部分。虽然较高的薪酬水平有利于企业吸引和保留员工，但同时也会对企业产生很大的成本压力，从而对企业在产品市场上的竞争产生不利的影响。所以，如何在保证一定的薪酬吸引力的同时有效地控制薪酬成本支出，对于大多数企业来说都具有重大意义。

（二）从员工角度来看

第一，保障功能。劳动者通过付出劳动换取薪酬，以满足个人及家庭的吃、穿、住、用等基本生活需求，从而实现劳动力的再生产。它对劳动者及其家庭生活所起到的保障作用是其他任何收入保障手段都无法替代的。同时，薪酬还会满足员工在娱乐、教育、自我开发等方面的发展需要。对员工及其家庭的生活状态和生活方式会产生非常大的影响。

第二，激励功能。从心理学的角度，薪酬可以看作是员工和企业之间的一种心理契约，它对员工的工作态度、工作行为和工作绩效都会产生很大的影响。如果员工的薪酬需要得不到满足，则很可能会产生消极怠工、工作效率低下、人际关系紧张、缺勤率和离职率上升、组织凝聚力和员工忠诚度下降等不良的后果。

第三，价值实现功能。薪酬是员工工作业绩的显示器，合理的薪酬是对员工工作能力和水平的承认。薪酬水平的高低也往往代表了员工在组织内部的地位与层次，从而成为对员工的个人价值和成功进行识别的一种信号。此外，合理的薪酬还增强了员工对组织的信任感和归属感。

四、薪酬体系的制定

薪酬是生产成本的重要组成部分，是企业影响员工工作态度和行为的重要途径；薪酬与缺勤率和离职率有密切关系。薪酬体系是指薪酬的构成，即一个人的工作报酬由哪几部分构成。

（一）薪酬体系设计的原则

企业及人事管理在进行薪酬管理时必须遵循以下原则：

第一，战略导向原则。一个优秀的薪酬体系必须符合企业的战略目标，服务于企业的长远发展规划。组织的薪酬体系必须能驱动和鞭策那些有利于组织发展战略的因素成长与提高。

第二，公平性原则。分配必须公平，公平性是薪酬设计的基本要求，也是必然要求。薪酬分配的公平性主要体现在外部公平、内部公平和个人公平上。外部公平是指组织之间同等职位薪酬水平比较的公平性问题；内部公平是指组织内部不同职位或技能之间薪酬水平比较的公平性问题；个人公平又称员工公平，是指组织内同样工作岗位的员工，由于他们的工作绩效、技能、资历等贡献存在差异，所分配到的报酬也应当有所差异的公平性问题。

第三，竞争性原则。即本组织的薪酬水平或标准在社会上和人才市场中要有竞争力，能够吸引和留住所需人才。这就要求组织在一些关键人才、稀缺人才或岗位的薪酬标准上应当等于或高于市场平均水平和竞争对手的水平。此外，薪酬在企业内部也要起到优升劣降、效率优先的促进作用。

第四，经济性原则。高标准的薪酬水平自然会提高组织薪酬的竞争性与激励性，但组织的成本也不可避免地要上升。因此，在设计薪酬制度时，要进行人力资本的投入产出比率核算，组织既要考虑薪酬的对外竞争性和对内激励性，又要考虑组织财力的有效支付范围，找到其间最佳的平衡点。其可以通过薪酬核算等来控制。

第五，激励性原则。报酬系统应把短期激励和长期激励、外在激励和内在激励结合起来设计与实施，始终保持薪酬对员工的强劲激励作用。另外，应设计和开放不同薪酬通道，使不同岗位的员工有同等的晋级机会。

第六，可操作性原则。薪酬管理制度和薪酬结构应当尽量浅显易懂，使得员工能够理解设计的初衷，从而按照企业的引导规范自己的行为，达成更好的工作效果。只有简洁明了的制度流程，操作性才会更强，有利于迅速推广，同时也便于管理。

第七，有效性原则。薪酬体系和薪酬分配应当在满足员工需求的同时，有效帮助组织达到预期的目标，应当把员工利益和组织利益有效连接起来，在满足各利益相关主体需求的同时，有效提升员工队伍的战斗力。

第八，适应性原则。薪酬管理体系应当能够体现企业自身的业务特点，以及企业性质、所处区域、行业的特点，并能够满足这些因素的要求。企业在不同的发展阶段和外界环境发生变化的情况下，应当及时对薪酬管理体系进行调整，以适应环境的变化和企业发展的要求。

第九，合法原则。组织必须遵守国家法律和政策、地方法规，如国家关于最低工资标准，社会强制性的福利、保险等的规定。

（二）影响薪酬决策的因素

企业的薪酬决策受到组织内外部环境等诸多因素的影响，组织必须认真分析这些影响因素以保证薪酬管理活动的有效实施。这里主要从企业外部因素、企业内部因素和员工个人因素三个方面进行分析：

1. 员工个人因素

（1）员工所处的职位。员工所处的职位是决定员工个人基本薪酬，以及企业薪酬结构的重要基础，也是内部公平性的主要体现。职位对员工薪酬的影响不仅取决于它的等级，主要还取决于职位所承担的工作职责，以及对员工的任职资格要求。

（2）员工的综合素质和技能。

员工所获得的报酬不仅受到工作职位的影响，还受到员工个人综合素质和拥有的技能知识的影响。根据员工拥有的工作相关知识或技能进行报酬的支付。

（3）员工的绩效表现。员工的绩效表现是决定其激励薪酬的重要基础，在企业中，激励薪酬往往都与员工的绩效联系在一起，具有正相关的关系。员工的绩效越好，其激励薪酬也就越高。有时，员工的绩效表现还会影响到他们的绩效加薪，进而影响到基本薪酬的变化。

（4）员工工作的年限。工作年限主要有工龄和企龄两种表现形式，工龄是员工参加工作以来整个的工作时间，企龄则是指员工在本企业中的工作时间。工作年限对于员工的薪酬水平产生一定的影响，一般情况下，工龄和企龄越长的员工，薪酬水平相对越高。

2. 企业内部因素

（1）企业的经营战略。薪酬管理应该服从和服务于企业的经营战略。在不同的经营战略下薪酬管理也会不同。

（2）企业的发展阶段。企业处于不同的发展阶段其经营的重点也是不同的，经营重点不同要求的薪酬策略形式也会不同。

（3）企业的管理哲学和企业文化。从以往的研究和实践可知，一些从国外引进的薪酬体系，如能力薪酬，在实践中并不能达到预期目的，原因是这些薪酬体系不一定能适合所有企业，薪酬体系的效果在很大程度上取决于它与企业文化的匹配程度。企业文化明确了企业倡导什么、反对什么，是进行薪酬决策的基础。因此，一个有效的薪酬体系是建立在支持企业的薪酬哲学理念或价值观基础上的。

3. 企业外部因素

(1) 当地的经济发展状况。一般来说，当地的经济发展处在一个较高水平时，企业员工的薪酬会较高；反之，企业员工的薪酬会较低。目前，中国各地区的经济发展不平衡，沿海地区经济发展水平较高，大城市经济发展水平较高，因此，这些地区企业员工的薪酬较高。

(2) 劳动力市场状况。劳动力市场和企业的薪酬关系十分密切，当劳动力充沛时，企业的薪酬相应会降低，当劳动力匮乏时，企业的薪酬相应提高。

(3) 其他企业的薪酬状况。其他企业的薪酬状况对企业薪酬管理的影响是最直接的。员工往往会进行横向比较，当其他企业，特别是竞争对手企业的薪酬水平提高时，为保证薪酬的外部公平性，留住合适的员工，企业也要相应地提高自己的薪酬水平，否则有可能会造成员工的满意度下降甚至离职。

(三) 薪酬体系设计的步骤

薪酬体系的形成必须有正确的工作描述和工作说明，工作描述被用来进行工作评估和薪酬调查。工作评估和薪酬调查是为了保证薪酬体系既有内部公平性又有外部竞争力。这两项活动搜集到的数据被用来设计薪酬结构，包括薪酬级别和薪酬浮动的范围。一旦薪酬结构形成以后，每个工作都会有适合的级别，员工的薪酬可以根据工作时间的长短和绩效进行调整。最后，必须加强对薪酬体系的监督并随时更新。薪酬设计的要点是对内具有公平性，对外具有竞争力。要设计出科学合理的薪酬体系和薪酬制度，一般要经历以下六个步骤：

1. 工作分析

工作分析是确定薪酬的基础。结合企业经营目标，企业管理层要在业务分析和人员分析的基础上，明确部门职能和职位关系，人力资源部和各部门主管合作编写职位说明书。

2. 职位评价

职位评价（职位评估）重在解决薪酬的对内公平性问题。它有两个目的：①比较企业内部各个职位的相对重要性，得出职位等级序列；②为进行薪酬调查建立统一的职位评估标准，消除不同企业间由于职位名称不同，或者即使职位名称相同但实际工作要求和工作内容不同所导致的职位难度差异，使不同职位之间具有可比性，为确保工资的公平性奠定基础。职位评价是职位分析的自然结果，同时，又以职位说明书为依据。

科学的职位评价体系是通过综合评价各方面因素得出工资级别，而不是简单地与职务挂钩，这有助于解决当官与当专家的等级差异问题。例如，高级研发工程师并不一定比技术研发部经理的等级低。前者注重于技术难度与创新能力，后者注重于管理难度与综合能力，两者各有所长。

3. 薪酬调查

薪酬调查是通过各种调查手段，来获取相关企业和本企业各职务的薪酬水平及相关信息。这些调查提供了给定岗位的最低、最高及平均工资水平，使组织能很好地了解其他企业对从事各种工作的员工支付什么样的薪酬。

五、现代薪酬管理的新发展

随着市场竞争的加剧，企业越来越意识到富有竞争性的薪酬设计不可或缺。建立全面的、科学的薪酬管理系统，对于企业培育核心竞争能力和竞争优势，获得自身的可持续发展具有重要意义。因此，不断调整和完善薪酬制度，是当前企业的一项紧迫任务。与传统薪酬管理相比较，现代薪酬管理出现了以下发展新趋势：

（一）薪酬调查与信息的日益重视

近年来，薪酬调查受到企业的广泛关注。通过薪酬调查，企业可以了解劳动力市场的需求状况，掌握各种类型人才的价格行情，从而制定正确的薪酬策略，有效地控制企业的人力成本。通过薪酬调查得到的薪酬信息包括以下两个方面的内容：

第一，外部信息。这是指相同地区和行业，相似性质、规模的企业的薪酬水平、薪酬结构、薪酬价值取向等。外部信息主要是通过薪酬调查获得的，它能够使企业在制订和调整薪酬方案时，有可以参考的资料。

第二，内部信息。这主要是指员工满意度调查和员工合理化建议。满意度调查的功能并不一定是了解有多少员工对薪酬是满意的，而是了解员工对薪酬管理的建议，以及不满到底是在哪些方面，进而为制定新的薪酬制度打下基础。

（二）全面薪酬

薪酬不仅仅是指纯粹货币形式的报酬，还包括非货币性的报酬，也就是在精神方面的激励，如优越的工作条件、良好的工作氛围、培训机会、晋升机会等，这些方面也应该很好地融入薪酬体系中去。企业给受聘者支付的薪酬应包括内在薪酬和外在薪酬两类，两者的组合，被称为“全面薪酬”。

1. 内在薪酬

内在薪酬是指那些给员工提供的不能以量化的货币形式表现的各种奖励价值。一般来说，外在激励由于是可量化的，它们可以通过市场竞争来达到一个平均的水平。关键是企业要能适时地了解和掌握市场上本行业内各种岗位的各种薪酬方式的平均水平。否则，把握和控制自己企业的薪酬待遇水平就失去了依据。薪酬高了则增加企业成本，低了又吸引不到优秀的人才。内在的激励虽然是非货币化并难以量化的，但有一部分内容也反映在市场竞争之中，可以通过市场进行了解，如培训机会。还有一部分内容则完全要靠企业自身不断地培育和积累，如企业文化、工作环境等。

2. 外在薪酬

外在薪酬是指为受聘者提供的可量化的货币性价值。例如，基本工资、奖金等短期激励薪酬，股票期权等长期激励薪酬，退休金、医疗保险等货币性的福利，以及企业支付的其他各种货币性的开支，如住房津贴等。

（三）宽带型薪酬结构

宽带薪酬是在组织内用少数跨度较大的工资范围来代替原有数量较多的工资级别的跨度范围，将原来十几甚至二十几、三十几个薪酬等级压缩成几个级别，取消原来狭窄的薪酬等级带来的工作间明显的等级差别，减少薪酬等级同时拓宽薪级范围，拓宽薪酬范围是指采用比传统的薪酬体系更少的薪酬级别和更大的级宽。把许多等级合并，同时，把每一个等级的范围扩大，是为了鼓励员工水平流动，使其获取更多技能。

实行宽带薪酬，更适应组织的扁平化和工作多样化的发展趋势。在等级少、幅度宽的薪酬体系下，员工可以根据劳动力市场情况和组织要求的变化而转换工作职责。员工提升后，新的工作职责下薪酬应该怎样调整这样传统的问题就可以避免了。实行宽带薪酬的主要原因是可以形成更加灵活的组织结构、鼓励能力提升、强调职业发展。

（四）弹性福利制度

企业在福利方面的投入在总的成本里所占的比例是比较高的，但这一部分的支出往往被员工忽视，认为不如货币形式的薪酬实在，有一种吃力不讨好的感觉；而且，员工在福利方面的偏好也是因人而异的。要解决这一问题，目前，最常用的方法是采用选择性福利，即让员工在规定的范围内选择自己喜欢的福利组合。

弹性福利制是一种有别于传统固定式福利的新员工福利制度。弹性福利制又称为“自助餐式的福利”，即员工可以从企业所提供的一份列有各种福利项目的“菜单”中自由选择其所需要的福利。

弹性福利制强调让员工依照自己的需求从企业所提供的福利项目中来选择组合属于自己的一套福利“套餐”。每一个员工都有自己“专属的”福利组合。另外，弹性福利制强调“员工参与”的过程，希望从别人的角度来了解他人的需要。

第三节　劳动关系与社会保障

一、劳动关系

劳动关系是指劳动者（雇员）与雇主（我国称用人单位）之间在劳动过程中所形成的社会经济关系的统称。

（一）劳动关系的内容

劳动关系的基本内容是劳动者在劳动时间范围内提供劳动，用人单位在劳动时间范围内使用该劳动并支付工资。

劳动关系是法律关系的一种，法律关系是法律调整在人们行为的过程中形成的权利、义务关系。劳动关系的内容可以用“权利、义务”来概括。依照相关法规，我国劳动者一般享有的主要权利有：①劳动权；②民主管理权；③休息权；④劳动报酬权；⑤劳动保护权；⑥职业培训权；⑦社会保险和保障权；⑧劳动争议提请处理权；等等。上述劳动者的权利是劳动者赖以生存、发展和提高劳动水平的必备条件，需要雇主方给予充分的尊重和兑现，才能有效激励员工、调动员工的积极性。

劳动者承担的义务有：①按质、按量地完成生产任务和工作任务；②遵守劳动纪律和规章制度；③学习政治、文化、科学、技术和业务知识；④保守国家和企业的秘密。

用人单位承担的主要义务有：①依法录用、分配和安置员工的工作；②保障工会和职代会行使其职权；③按员工的劳动数量、质量支付劳动报酬；④加强对员工思想、文化和业务的教育培训；⑤改善劳动条件，搞好劳动保护和环境保护。

（二）劳动关系的主体

劳动关系的主体是指劳动关系的参与者。从狭义上，劳动关系的主体包括两方：一方是员工或劳动者及工会组织；另一方是雇主方或管理者及雇主。从广义上，政府干预、调控劳动关系，是广义的劳动关系的主体。这些主体在社会经济活动中的相互影响、相互作用，构成了各种劳动关系行为的主体。

1. 员工

员工也称为雇员、雇工、受雇人、劳工，是指在就业组织中，本身不具有基本经营决策权力并从属于这种权力的工作者。

这一定义的概括排除了两种情况。首先，相对于雇主来说，员工完全被纳入雇主的经济组织和生产结构之中，具有经济上的从属性。因此，自由职业者和自雇佣者不属于员工。其次，就业组织内部的管理方存在着高层管理者和底层管理者。由于底层管理者只负责监督和分配，而无权命令或奖惩下属，所以也属于员工的范畴。高层管理者具有一定的经营决策权力，不属于雇员的范畴。由上述对员工的概念界定。员工不包括自由职业者、自雇佣者。

2. 工会

工会是劳动者组成的旨在维护和改善其就业条件、工作条件、工资福利待遇，以及社会地位等权益的组织，工会主要通过集体谈判方式来代表劳动者（雇员）在就业组织和整个社会中的权益。

（1）工会的职能与行动方式。工会是员工的集体组织，其主要目的是维护员工的合法权益。世界各国的工会组织都是依此宗旨建立的，并在实践中具体贯彻落实。工会的职能具体表现为代表职能、经济职能、社会民主职能和服务职能。工会的行动方式主要有劳动立法、集体谈判、直接行为、互保互助、政治行动等。

（2）我国的工会和职工代表大会。我国《工会法》规定，“工会是职工自愿结合的工人阶级的群众组织”。我国工会的任务有：代表和组织职工参与国家社会事务管理和参加企事业的民主管理；维护职工的合法权益；代表和组织职工实施民主监督；协助政府开展工作，巩固人民民主专政的政权与支持企业行政的经营管理；动员和组织职工参加经济建设；教育职工不断提高思想政治觉悟和文化技术素质。

工会的职权主要包括：通过职工大会、职工代表大会等形式，参与民主管理或与用人单位进行平等协商；代表职工与企业谈判和签订集体合同；对劳动合同的签订和履行进行监督；对企业遵守劳动法律、法规进行监督；参与劳动争议的调解和仲裁。由于我国经济成分的多元化，以及劳动力市场的发育和运行，在三资企业中，工会成为代表和维护劳动者权益的主要组织，成为维护劳动法和其他社会主义法律、法规的一支重要的积极力量。职工代表大会是我国劳动者参与企业民主管理的一种基本形式，是职工行使民主管理权利的机构。根据我国相关法律、法规的规定，职工代表大会有审议建议权、审查通过和否决权、审议决定权、建议监督权和民主选举权。总之，在我国企业的劳动关系中，工会和职工代表大会在确保劳动者的权益得以实现方面起着非常重要的作用。

3. 雇主

雇主也称雇佣者，是指在一个组织中，使用雇员进行有组织、有目的的活动，并向雇员支付工资报酬的法人或自然人。从管理方的角度来看，雇主应该是指在管理方中拥有决策权，处在整个组织权力结构的最高层，代表组织进行决策的人员。

4. 政府

政府作为劳动关系的主体一方，在劳动关系的运作过程中扮演着重要的角色。具体体现在以下几方面：

（1）作为雇主的政府。在现代社会，随着政府公共服务职能的加强，公营部门不断发展，包括市政服务、教育、公共安全、消防等部门。公营部门雇用劳动力的比例相当大，政府作为公营部门的雇主，也应该向雇员提供合法、合理的雇佣条件，否则也会引发劳资之间的矛盾和冲突。因此，政府在这些部门的行为对整个劳动关系具有重大的影响。

（2）作为调解者、立法者的政府。政府要维持本国产业制度中的产业和谐，鼓励劳资双方尽可能利用调解和仲裁程序解决劳资纠纷，避免产业剧变。政府支持本国劳动关系的调解和仲裁程序。政府在协调整个劳动关系的过程中，一项重要的职能是立法。政府通过出台法律、法规建立了影响劳动关系的外部法律制度环境，这种环境机制具有相对的稳定性，成为影响劳动关系运作、发展的重要因素。

（3）三方机制中的政府。现代劳动关系制度的一个重要特点是强调三方性原则。所谓三方性原则，是强调法律不仅要规定当事人双方的权利与义务，而且要同时规定作为第三方的政府的权利与义务。三方性原则表明了劳动关系制度对公共权力的承认。

三方机制是指政府（通常以劳动部门为代表）、雇主和员工之间，就制定和实施经济与社会政策而进行的所有交往和活动。即由政府、雇主组织和工会通过一定的组织机构与运作机制共同处理所有涉及劳动立法、经济与社会政策的制定、就业与劳动条件、工资水平、劳动标准、职业培训、社会保障的劳动关系的问题。

2001年8月，中国劳动和社会保障部同中华全国总工会、中国企业联合会建立了国家协调劳动关系三方合议制度，并召开了第一次国家级协调劳动关系三方会议，使中国的劳动关系协调工作有了一个较为规范和稳定的工作机制。

（三）我国劳动关系发展的趋势

（1）劳动关系将趋于国际化。经济全球化的进程及我国加入WTO后，越来越多的外国企业来华投资，这种涉外劳动关系的发展，要求我国劳动关系的运作符合国际通行规则和公认的劳工标准与惯例。

（2）劳动关系更加市场化。国有企业劳动关系面临市场化的重大转折；随着企业破产、兼并、合并、联合、转让行为的增多，将带来劳动关系的剧烈变动和冲突，劳动力市场将出现个体化、弹性化的趋势，兼职、非全日制、阶段性就业关系将是增长趋势。

（3）劳动关系呈多变性。随着所有制结构调整和企业产权制度改革的进行，企业产权所有者、经营者、劳动者各自的利益取向日益清晰和独立。所有者追求收益最大化、经营者追求利润最高化、劳动者追求待遇最优化。这三者之间既有相互依存、共同发展的同一性，也有利益冲突的矛盾性。用人单位对不需要的员工可以辞退；劳动者对不满意的用人单位也可以选择辞职，劳动关系呈现复杂多变的发展趋势。

（四）改善我国劳动关系的途径

第一，要以法律为准绳，建立健全各种相关法律、法规，做到有法可依。

第二，要通过合理的薪酬福利、改善工作条件等方式，提高员工的工作质量和生活质量，这是改善劳动关系的根本途径。

第三，要加强和培训管理人员，增强其劳动关系意识和法律意识，掌握处理劳动关系的原则和技巧。

第四，要正确处理好与工会和职代会的关系，发挥其积极作用来协调劳资关系。

第五，要推行民主管理，使员工或员工代表参与企业的重大决策，尤其是涉及广大员工切身利益的决策，促使企业在重大经营管理决策时充分考虑到对员工利益的影响，从根本上减少劳资对立。

二、社会保险

社会保险是国家的一项职责，是国家通过立法和行政措施，对劳动者在遭遇各种风险，暂时或永久失去劳动能力、劳动机会，不能获得劳动报酬，丧失生活来源的情况下，由国家或社会向其提供物质帮助或服务，使之能维持基本生活的一种社会保障制度。

（一）社会保险的特点

社会保险作为社会对劳动者在特殊情况下分配消费品的一种形式，是政府管理经济的行为。它具有明显的强制性、互济性和非营利性的特点。

1. 非营利性

非营利性是指社会保险由政府的专业机构承办经营，保险基金的筹集、运营不以追求利润为目的。其他商业性保险机构是一种自负盈亏的企业组织，不可能也不应该要求它放弃利润目标，相反保险利润越丰厚说明经营状况越好。社会保险由于实行强制性原则，如果追逐利润目标，就等于借助法律强制为社会保险基金经办机构谋取利益，实际上损害了用人单位和劳动者的权益。但这不是说社会保险基金不要增值，只是增值资金应纳入基金，而不应给保险经办机构自身带来收益。因此，社会保险必须实行非营利原则，但这一原则在任何商业保险机构都较难贯彻。所以，由政府主管部门举办的社会保险机构来经办社会保险基金是必然的选择。

2. 互济性

互济性是指社会保险是按照社会共担风险的原则进行组织的费用分担，由国家、单位和劳动者个人共同负担，遇到风险的劳动者从没有遇到风险的劳动者那里获得一部分帮助。商业保险也具有互济性，在这一点上，社会保险和商业保险没有本质的区别。用人单位和劳动者缴纳的养老保险费用，弥补已经年老退休的劳动者丧失收入来源的损失，而现在劳动者未来养老的费用由未来的劳动者提供，这是一种典型的“代际互济”。所不同的是，社会保险由于采取强制性手段，覆盖面宽，因此在大范围、长期性、互济性的功能上都较商业保险为强。只有由国家举办社会保险，建立社会保险基金，实现风险共担，这种互济功能才能充分体现。

3. 强制性

强制性是指社会保险是通过国家立法和政府的行政手段建立并强制实施的。这是社会保险与商业保险的根本区别。商业保险通行自愿原则，而社会保险通行强制原则，社会特定的主体必须按国家法律、法规的规定参加社会保险；社会保险项目和基本保险的缴费标准、保险金的支付标准是依法确定的。这种强制性原则，在任何一个商业保险中都无法实现，只有通过国家立法和政府行政的手段实现。

（二）社会保险的作用

社会保险既是一种经济制度，也是一种社会制度。在不同的国家，不同的社会，建立这种制度的社会环境和目的虽然不同，但是，总的来说，对于保障劳动者的生活和健康，促进经济的发展，稳定社会秩序，都有积极的作用。

第一，社会保险制度对于社会安定具有重要的作用。社会保险通过发挥政府、企业、个人三者的力量，对丧失劳动能力和生病的人，以及暂时丧失工作的劳动者给予物质上的帮助，以维持其基本生活，这样有助于消除社会的不安定因素。

第二，社会保险制度对于提高劳动生产率、促进经济的发展有重大的作用。实行社会保险，一方面可以解除劳动者的后顾之忧，使他们专心致志地进行生产经营和工作，从而提高劳动生产率，促进经济的发展；另一方面，社会保险制度也是劳动力再生产的必要条件。例如，医疗保险制度的实施，能够保证劳动者减少疾病，使患病者及时得到治疗，较快地恢复健康，然后以旺盛的精力去开展工作。建立社会保险，劳动者的生、老、病、死、伤都能得到物质上的帮助，可以减轻家庭的负担，消除后顾之忧，从而能够把更多的资金和时间用于学习科技文化知识，提高劳动者的素质。

第三，社会保险采取国家、单位、个人三者结合缴纳基金，积累的基金对于促进国民经济发展也有重要作用。

第四，对人口控制和计划生育的实施有一定的积极作用。

（三）社会保险的内容

社会保险的内容如下：

1. 养老保险

养老保险是社会保障制度的重要组成部分，是社会保险五大险种中最重要的险种之一。所谓养老保险（或养老保险制度），是国家和社会根据一定的法律和法规，为解决劳动者在达到国家规定的解除劳动义务的劳动年龄界限，或者因年老丧失劳动能力退出劳动岗位后的基本生活而建立的一种社会保险制度。这一概念的界定包括以下三层含义：

（1）养老保险是在法定范围内的老年人完全或基本退出社会劳动生涯后才自动发生作用的。这里所说的“完全”，是以其与生产资料的脱离为特征的，是为“退休”；这里所说的“基本”，是指参加生产活动已不成其为主要社会生活内容，是为“养老”。必须强调的是，法定的年龄界限才是切实可行的实践标准。

（2）养老保险的目的是为老年人提供保障其基本生活需求的稳定可靠的生活来源。

（3）养老保险是以社会保险为手段来达到保障目的的。

2. 医疗保险

医疗保险是社会保险制度的基本内容之一，是当今世界各国普遍推行的社会保险项目。医疗保险是指当人们生病或受到伤害后，由国家或社会给予的一种物质帮助，即提供医疗服务或经济补偿的一种社会保障制度。这一概念的界定包括以下三层含义：

（1）医疗保险一般被用于对付法定范围内的劳动者因疾病而导致的两个方面的经济风险：①支付预防或治疗疾病的费用；②保证病假期间的经济来源。

（2）医疗保险的具体做法因时间、空间和法定对象的不同而表现出极大的差异，有的是“全部”负担，具体的标准一般以保障基本生活需求为最低标准。

（3）医疗保险是以社会保险为手段来达到保障目的的。

3. 工伤保险

工伤保险是社会保险制度中的重要组成部分，是指国家和社会为在生产、工作中遭受事故伤害和患职业性疾病的劳动者及亲属提供医疗救治、生活保障、经济补偿、医疗和职业康复等物质帮助的一种社会保障制度。这一概念的界定包括以下三层含义：

（1）工伤保险是打上了“职业”烙印的，因此，作为一种经济补偿，它必须帮助劳动者对付来自两个方面的经济风险：①必须提供预防、治疗、护理、康复和疗养的全部费用；②必须保证受到职业伤害者的经济来源。

（2）工伤和职业病保险作为对劳动者因受到职业伤害而丧失的劳动能力的完全补偿，具体标准一般较高，它必须保障受到损害的劳动者生活水平不致因此而下降。

（3）工伤和职业病保险除用社会保险的手段来达到目的之外，采用雇主责任制或企业责任制的方法也较为常见，采用社会保险方法的也大大增加雇主或企业分摊的份额。

4. 失业保险

失业保险是在法定范围内的靠工资薪水度日的劳动者因失业而丧失经济来源时，按法定时限保障其基本生活需求的社会保险项目。它是社会保障体系的重要组成部分，是社会保险的主要项目之一。这一概念的界定包括以下三层含义：

（1）失业保险是针对劳动者阶层而言的，失业是工薪劳动者在职业竞争中被淘汰，失业的后果是使人生计断绝。于是，当失业或破产的情况一旦发生，失业或破产保险就自动发生作用。

（2）失业保险是帮助失业者或破产者在再次就业或东山再起之前维持基本生活需求

的，而且有法定时限。

（3）失业保险是以社会保险为手段达到保障目的的。

5. 生育保险

生育保险是国家通过立法，对怀孕、分娩女职工给予生活保障和物质帮助的一项社会政策。其宗旨是通过向职业妇女提供生育津贴、医疗服务和产假，帮助她们恢复劳动能力，重返工作岗位。这一概念的界定包括以下三层含义：

（1）生育保险一般被用于帮助法定范围内的劳动者对付因生育而导致的两个方面的经济风险：①怀孕、生产、哺乳期间的医护费用；②产假和哺育假期间的经济来源。

（2）生育保险因人口政策的不同而表现出极大的差异，有的鼓励生育，有的控制生育，但都以保证劳动者不致因生育而不能保障基本生活需求为限。

（3）生育保险是以社会保险为手段来达到保险目的的，但大多数是将妇女作为直接受益者。

（四）企业补充保险

1. 企业年金

企业年金是指企业及其职工在依法参加养老保险的基础上，在国家规定的税收优惠等政策和条件下，自愿建立的补充养老保险制度，一般又称企业补充养老保险，是多层次养老保险制度的重要组成部分，是一种辅助性的养老保险形式。建立企业年金的企业，应确定企业年金受托人，受托管企业年金。受托人可以是企业成立的年金理事会。企业年金理事会由企业和职工代表组成，也可以聘请企业以外的专业人员参加，其中职工代表应不少于三分之一。企业年金所需费用由企业和职工共同缴纳。企业年金方案适用于企业试用期满的职工。

2. 补充医疗保险

补充医疗保险主要包括职工大额医疗费用补助、企业补充医疗保险、社会医疗救助和企业医疗保险。

企业补充医疗保险是企业在参加基本医疗保险的基础上，国家给予政策鼓励，由企业自主举办或参加的一种补充性医疗保险形式。参加企业补充医疗保险的条件是参加了基本医疗保险，足额发放职工工资和缴纳社会保险费用，有能力主办或参加企业补充医疗保险。

建立企业补充医疗保险的形式如下：①商业医疗保险机构举办；②社会医疗保险机构

经办；③大集团、大企业自办。

（五）住房公积金

建立住房公积金制度是住房实物分配向货币分配转化的需要，是广大职工群众住房保障制度的重要内容。住房公积金作为职工工资中的住房工资，单位为职工按时、足额缴存住房公积金，是其法定义务，必须履行。国务院颁布了《住房公积金管理条例》就是以国家行政法规的形式，奠定了住房公积金制度的法律地位，规定住房公积金制度必须要依法执行。

第一，住房公积金制度。住房公积金制度是结合我国城镇住房制度改革，特别是取消福利性分房，社会住房供应实现市场化，广大职工群众的住房消费能力急需得到扶助的实际情况而实行的一种政策。

第二，住房公积金制度的基本内容。①按照“个人存储，单位资助”的原则进行归集。所有单位及其职工均应缴纳住房公积金。②按“统一管理”的原则管理住房公积金，职工住房公积金由政府设定的住房公积金管理机构统一管理。住房公积金的存贷款等金融业务由指定的专业银行办理。③按“专项使用”的原则运用住房公积金。住房公积金只能用于职工购、建、大修住房。

第四节 员工激励及体系设计

激励是指为了特定目的而去影响人们的内在需要或动机从而强化、引导或改变人们行为的反复过程。激励是人力资源管理的重要内容与手段，了解激励的有关内容对于人力资源管理具有非常重要的现实意义。激励的实质就是通过影响人的需求或动机达到引导人的行为的目的，它实际上是一种对人的行为的强化过程。因此，研究激励，先要了解人的行为过程，从而揭示了人的行为的一般过程。

激励体系的设计，是指组织为实现其目标，根据其成员的个人需要，制定适当的行为规范和分配制度，以实现人力资源的最优配置，达到组织利益和个人利益的一致。激励体系的设计要求人们用系统的眼光来看待激励问题。

一、激励体系的构成要素

激励本身是一种管理思想。激励的实施是依托各种管理制度、管理工具来实现的，它渗透在管理的全过程之中，依赖于全体管理者的共同实施。激励是一个体系或系统。在激励体系的设计中，应综合运用各种激励理论，以达成强势激励效果。激励体系的设计主要是指对激励内容的设计，是对各种短期激励因素和长期激励因素进行选择、组合和优化的过程。至于激励的过程则在于管理者在实践中摸索与把握。可供选用的短期激励因素主要包括工资、奖金、福利、津贴、晋升、培训和精神鼓励等，长期激励因素则包括红利、股票期权等。

（一）激励体系的工资

工资是指员工在从事劳动、履行职责并完成任务后所获得的经济上的酬劳或回报，一般包括技能工资、工龄工资和岗位工资。其中，技能工资、工龄工资体现了薪酬的保健作用，具有高刚性特征，在企业内部员工之间，这些工资的差异并不很明显，表现出较强的刚性。岗位工资则具有一定的激励作用，表现在岗位工资与其岗位职责、工作难度、工作环境等相适应时，能消除员工的不公平感，它既具有高差异性，同时，也具有高刚性的特征。

（二）激励体系的奖金

奖金的激励效应在薪资体系中起到重要的作用，具有高差异性和低刚性特征，它与员工的绩效、员工为企业做出的贡献有关，所以奖金表现出高差异性。而且，奖金还与企业经济效益有关，表现出低刚性。

（三）激励体系的福利

福利包括社会强制性福利（如养老保险、医疗保险、失业保险、工伤保险等）和企业特色福利（如人身意外保险、交通补贴、通信补贴、带薪假期、住房补贴等）。福利体现出薪酬的调节作用，企业通过提供各种福利，可使员工对企业有一种信任感和依恋感，形成良好的组织氛围。福利是人人均可享受的利益，而且不能轻易取消，因而是低差异、高刚性的因素。但可以在管理中制定一定的级差，以形成差异，降低刚性，使之具有更多的激励作用。

（四）激励体系的培训

培训是企业为员工提供人力资本增值和提升个人竞争能力的有效手段，是企业对员工报酬高层次的支付形式。在现代市场经济中，培训是一种有效激励手段，良好的培训规划为员工提供了一个广阔的知识和技能的提升空间，有助于吸引和留住优秀人才。

合理选拔和系统规划是决定培训激励机制有效性的重要方面，而且培训必须与员工的晋升、工资、福利、奖金等紧密结合，以保证最佳的激励效果。

充分重视培训在激励中的重要性。培训是企业激励员工的一种有效手段，也是内部人力资源进行深度挖掘的一种开发策略。对员工的培训主要是根据员工的职业生涯计划和每个阶段的考核结果。考核结果告诉员工在上个阶段有哪些不足，而职业生涯计划告诉员工在下个阶段应该朝哪个方向努力，两者相结合为员工制定出合理的培训方向。

培训工作不仅是优化人员素质的手段，而且是保留人才的重要激励手段。培训的方式和种类有很多种，企业可视具体情况而定。

（五）激励体系的精神鼓励

精神鼓励包括赋予理想、信仰、责任感、荣誉等，是满足人们自尊和自我实现需要，激发人们奋力进取的重要手段。

精神鼓励是物质奖励的必要补充，有助于形成良好的企业文化。现代企业"以人为本"，物质激励和精神激励必须合理配置，方能达成良好的激励效果。在一定程度上，精神的需要更能激励员工，调动员工的积极性、创造性。

精神激励应根据不同层次的员工设计有效的操作手段，进行系统的规划，防止流于形式。精神激励是管理者用于倡导企业精神，培养有理想、有道德、有文化的新型员工队伍的有效方式。用精神激励鼓励部门、员工间的竞赛评比，能缓和人际矛盾，增强荣誉感，能够使员工的工作积极性得到最大限度的发挥。实际上，精神激励有着物质激励无法替代的作用。从人的动机看，人人都具有自我肯定、光荣、争取荣誉的需要和对美好未来的展望、渴望承担责任的需要。对于一些工作表现比较突出、具有代表性的先进员工，给予必要的精神激励，效果很好。精神激励是激励方式中一种非常重要的手段，因此在企业的激励机制中有必要将精神激励作为一项重要的内容。

二、激励体系设计的原则

第一，以企业发展战略为核心。激励体系将围绕企业的战略目标进行设计，鼓励员工和各级组织中符合企业战略发展需要的行为和观念，抑制阻碍企业战略目标实现的行为和观念，逐步将员工的行为和观念导向与企业战略目标一致的轨道上，将企业的战略目标转变为对员工的直接压力和动力，使员工及各级组织的目标始终与企业的战略目标保持一致，帮助企业获得能在市场竞争中永远立于不败之地的强大合力。

第二，以提升企业效益为根本目标。利润最大化是市场经济条件下每一个企业所追求的目标，激励体系将鼓励真正为企业创造效益的行为与员工，制止和惩戒降低或损害企业效益的行为和员工，以增强员工的责任感和使命感。

第三，符合社会的整体价值观和员工个人发展的需要。如果激励体系不能与社会的整体价值观和员工个人长远发展的需要相吻合，就得不到社会与员工的真正支持，从而导致激励目标不能实现。

第四，以分配制度为主体。分配制度将诱导因素集合与目标体系连接起来，即达到特定的组织目标将会得到相应的奖酬。

第五，激励体系设计的效率标准是使激励机制的运行富有效率。效率准则要求在费用相同的两个备选方案当中，选择目标实现程度较好的一个方案；在目标实现程度相同的两个方案中，选择费用较低的方案。

三、分层次的员工激励体系

分层次的员工激励体系包括对董事会、经理层，中层管理者和科技人员及一般员工的激励。

（一）董事会、经理层成员的激励

董事会、经理层是企业的高管人员，是企业命脉的控制者，肩负着企业生存和发展的重任，也面临不少的风险和压力。高管人员对企业的影响至关重要，对他们的激励是企业激励体系中需重点关注的问题。高管的需要层次一般较高，激励的方式应当相对多样，力度也要相对更大。另外，为企业的可持续发展，对他们的激励不能忽视长期激励与短期激励的结合。

第一，现金收入。现金激励的作用适用于绝大部分人。但对高管人员的现金支付应该与其所管理的企业的资产运营、投资决策、管理业绩、资产保值增值情况紧密结合，还可让高管人员参与利润分享计划，激励高管人员把企业收益蛋糕做大。

第二，经营者持股。经营者持股，即管理层持有一定数量的本企业股票并进行一定期限的锁定。这些股票的来源有：企业无偿赠送给受益人；由企业补贴，受益人购买；企业强行要求受益人自行出资购买。激励对象在拥有企业股票后，成为自身经营企业的股东，与企业共担风险，共享收益。国内企业实行经营者持股，通常是企业以低价方式补贴受益人购买本企业的股票，或者直接规定经营层自行出资购买。

第三，延迟报酬计划。迟延报酬计划是将企业高层管理者年薪中的部分收入、养老金、股份红利等当前或短期内应当支付的一部分报酬延迟到其退休或若干年后支付，以鼓励高层管理者长期为企业服务。

第四，在职消费。在职消费不同于以前的福利，以前讲的企业福利是一个广泛的概念，涉及企业全体人员。而在职消费主要针对企业一定管理层，特别是针对高层管理者。其包括旅游费用报销、通信工具及费用、专用汽车、俱乐部会员费、宴请招待费、以折扣或免费购买消费企业产品等，这种激励方式虽然不如现金和股票作用大，但在一定程度上增加了高层管理者对职位的依赖性。

第五，带薪休假。带薪休假可以改变高层管理者的工作生活环境，提高其生活质量；可以带来身心双重的愉悦；可以使人们从高压的工作环境中暂时脱离出来，经过一段时间的休息恢复后更加精力充沛地投入工作。

第六，培训进修。企业的任何培训进修学习的机会都是企业以另一种方式支付的报酬，也就是说培训进修是企业激励体系中的一种常用的方式。

第七，管理层收购。管理层收购，又称“经理层融资收购”，是指目标企业的管理者或经理层利用借贷所融资本购买本企业的股份，从而改变企业所有者结构、控制权结构和资产结构，进而达到重组本企业的目的，并获取预期收益的一种收购行为。通常情况下，企业管理层和员工共同出资成立职工持股会或企业管理层出资成立新的企业作为收购主体，一次性或多次通过其受让目标企业原股东持有的企业股份，从而直接或间接成为企业的控股股东。

管理层收购方案的优点如下：①避开了相关法律对诸多问题特别是股票来源的限制，使持股方案能顺利实施；②管理层和其他员工自己出资认购企业股份，既能保证激励，又能保证约束；③转让的法人股，相对成本较低；④以协议方式进行转让，价格高于企业每股净资产，容易获得国有资产管理部门的许可。

（二）中层管理者的激励

中层管理人员是企业的中流砥柱，他们既是一个部门的带头人又是企业的连接枢纽。高层领导的思想、决策需要他们去贯彻分解并带头实施，下层员工的问题、意见、建议需要他们去解决、甄别、整理并向高层领导反馈。中层管理人员工作业绩的好坏直接关系到企业的效益，他们承受着双重的压力，对他们的激励方式也必须针对他们的工作特点进行设计。

第一，充分授权。身为中层管理人员最重视的是他们所担负的工作范围内有无足够的自我发挥空间，能否独立地开展工作，如果不能充分授权，上层的规划指示太详尽，则中层管理者在工作中只能按图索骥，成了工作的执行者而不是管理者，就无法发挥主观能动性，创造性更无从谈起。同时，频繁的请示汇报程序会严重影响部门工作效率。

第二，业绩工资。中层管理者可以有部分固定工资，但不宜在收入中占太大的比例，可以根据企业年初的生产经营目标分解各部门工作。中层管理者业绩突出的，按季兑现业绩工资，业绩工资的数额可根据部门业绩的大小确定，以企业员工平均收入的 5~10 倍为宜，同时拉开中层管理人员之间的业绩工资差距，进一步激发其工作积极性。

第三，年终奖励。实行中层管理者年终奖励的目的，一方面，可以让中层管理者在关注月度、季度指标的同时，更关注企业年度指标，有通盘考虑问题的思想；另一方面，可以对中层管理者形成再次激励，不会中途离职。此外，还可以使中层管理者与高层管理者的利益相一致，便于两者之间的沟通和团结协作。

第四，教育训练、在职训练和工作轮调。教育训练、在职训练和工作轮调是培养中层管理者的最好方法。这样做一方面可以不断强化中层管理者的工作能力和管理技巧，也可以通过训练解决工作实践中的具体问题。工作轮调不但可以拓宽他们的工作范围，锻炼新的工作能力，更可以增加其工作的兴趣。新的工作岗位还可以激发中层管理者学习新知识、完成新任务的斗志。自身的快速全面成长正是中层管理人员所需要的。

（三）科技人员的激励

科技人员具有很强的专业性特点，长于科技研究，多不愿被日常琐事所扰，亦不善于人际交往，他们注重的是所在企业对其成果的认可与否和报酬是否合理。企业激励机制合理，他们会拼命工作，长期为企业做贡献；激励不合理时，他们较多选择跳槽。所以，对科技人员的激励比较特殊，主要包括以下几方面：

第一，环境激励。一个企业的科研工作环境对科技人员影响极大。宽松的政策、先进的设备仪器、浓厚的科研气氛、充裕的科研经费、和谐的人际关系，以及优秀的管理者都会对科技人员产生巨大的吸引力，并促其多出成果。

第二，技术入股。具备条件的企业可以实行科技成果和科技专利作价折股，由科技发明者和贡献者持有。这种方式主要用于企业创建时期，科技成果和技术专利由科技人员从外部带来。

第三，科技成果奖。科技人员在实行按岗位、按任务、按业绩确定报酬的前提下，对科研项目成果、科技产品按其所创造的效益进行奖励，对做出突出贡献的科技人员应给予重奖。

第四，科技攻关奖。科技攻关奖是指企业在生产经营过程中遇到了难题，迟迟不能解决，可采取攻关揭榜的方式，事先提出问题，并规定解决日期、奖励办法。这种方式可以激励科技人员勇于攻关，不断战胜困难、解决问题，为企业创造更多的效益。

第五，技术进步奖。技术进步奖是指科技人员在工作实践中对企业现有的技术、工艺、管理方式进行改进和创新，以进一步提高产品质量，降低产品成本，提升工作效率的一种激励方式。奖励的方式可以按成本降低的比例计算，也可以由企业领导人直接奖励。

第六，研究基金。为科技人员提供科研基金，帮助他们大胆假设，小心求证，完成科研成果。

（四）一般员工的激励方式

一般员工是企业中占比例最大的群体，是企业各岗位的具体执行者、操作者，也是比较容易被激励的工作群体，要让他们有企业主人的认同感，在激励中要体现出公开、公平、公正的特点。

第一，参与战略决策。对于企业战略决策，企业的普遍做法是：关键决策通常由高层制定，然后不管员工能否参与进来或融入其中，就在企业内部推行，这无疑是企业成功的障碍。要集思广益，收集和听取员工的宝贵意见，增加决策的科学性和民主性。

第二，岗位工资。根据不同工作岗位的性质、技术要求、劳动强度进行科学合理的划分，确定不同的岗位工资，岗变薪变，同时岗位工资标准随企业经济效益浮动，彻底打破“论资排辈”“一薪终老”的不合理现象。

第三，技能等级补贴。实行岗位工资后，同岗同酬，但不同的工作经验、工作能力会带来不同的工作结果，为了奖励工作质量高的员工，同时，激励员工学习钻研技术，提高技能，企业可以通过技术评级、技能鉴定的方法，在员工中评等评级，实行技能等级补贴制度，拉开距离，提高高级员工的收入。

第四，员工持股。根据建立现代企业制度的要求，在实行股份制改造或产权管理清晰的竞争性企业中，可以采取员工持股的激励方式。员工持股后，企业员工不仅是企业的工作者，也是企业的股东，具有了双重身份，其工作成绩和企业效益、自身的收入直接挂钩，员工的工作责任心和工作努力程度都会得以提高。

第五，在职教育。企业员工的在职教育工作一般由企业人力资源部门统一进行，主要是短期的技能培训。企业应该鼓励员工利用业余时间学习、进修，参加职称资格考试，并提供时间上的方便，有条件的可以根据员工所学专业情况进行岗位调整，报销部分学费、考试费等。

第五章 战略性人力资源管理研究

战略性人力资源管理是当前人力资源管理发展的重要方向，对自身竞争力的提高及社会的稳定发展都具有重要作用和影响。基于此，本章对战略性人力资源管理概述、战略性人力资源管理的理论依据、战略性人力资源管理与组织文化构建、战略性人力资源管理机制创新进行论述。

第一节 战略性人力资源管理概述

一、战略性人力资源管理的内涵

战略性人力资源管理，是指组织为达到其战略目标，在总体战略制定与执行中必须包含的部分。“随着我国经济的高速发展，企业在开展战略性管理工作的过程中，其战略性人力资源管理发挥的作用越来越重要。”①

1. 战略性。在指导思想上，战略性人力资源管理的理念是以人为本；在战略目标上，战略性人力资源管理以获取竞争优势为目标；在管理方式上，战略性人力资源管理采用全员参与的形式；在实施措施上，战略性人力资源管理运用系统化科学与人文艺术相结合的变通式管理方法。

2. 协同性。战略性人力资源管理系统使组织内部的管理机制及人力资源管理各项实践活动协同运作，为企业的整体战略实施提供智力支持。协同模式可分为两类：一是具体

① 丁展志. 探究战略性人力资源管理在企业战略管理中的作用［J］. 商展经济，2020（14）：84

的人力资源管理实践活动搭配协调开展，在开展的过程中没有核心实践活动，强调的是实践活动的系统与均衡性；二是在管理实践活动中，将某一项或某几项核心实践活动结合在一起，这种模式往往根据组织自身特点与要求强化某一项或某几项实践管理活动的功能，并使其他管理实践活动支持这些核心管理实践活动。

3. 目标性。战略性人力资源管理的目标是确保组织获取具有良好技能和良好素质的员工，依靠核心人力资源去建立组织的竞争优势，使组织获得持续的竞争优势，从而形成组织的战略能力以支持组织战略目标的实现。战略性人力资源管理的目标性强调雇员的个人目标与企业的战略目标结合，更关注长期性和整体性。

4. 灵活性。灵活性表现为人力资源管理系统的灵活性、人力资本库的灵活性，以及激发雇员主观意愿的灵活性。

二、战略性人力资源管理的特征

战略性人力资源管理是现代人力资源管理发展的更高阶段，无论在实践方面，还是在理论创新方面，都取得了很大的进步。与传统人力资源管理相比，战略性人力资源管理是一种新理念、新模式，不仅具有新的内容，而且具有新的特征，表现在以下几方面：

（一）重要性

目前，随着经济的发展，企业的基础性资源由有形资本转向无形资本，从经营技术、经营资本发展到目前的经营各种资源，如信息资源、人力资源。人作为最重要的战略性资源，越来越成为企业获取持续竞争优势的重要来源。因此，战略性人力资源管理在人力资源管理中的地位也越来越重要。战略性人力资源管理的重要性表现在它具有价值性、稀缺性、难以模仿性和不可替代性等特征。

战略性人力资源管理具有价值性。战略性人力资源管理能为企业创造价值，它的一个重要目标就是帮助企业高级管理者制定战略，进而影响到企业的执行力和经营业绩。因此，良好的战略性人力资源管理有利于制定出合理的企业战略，合理的企业战略又可为企业创造出更大的价值，这就是所谓的价值性。

战略性人力资源管理具有稀缺性。首先，实施主体即具备实施战略性人力资源管理的高能力的人力资源是稀缺的，如高级人力资源经理和 CEO；其次，管理客体即战略性人力资源管理，作为一种能够通过强化和支持企业经营活动而对企业的盈利性、质量改善以及其他经营目标做出贡献的有效手段，是企业所稀缺的；最后，实施战略性人力资源管理的手段是稀缺的。由于企业在规模、制度、文化等方面都不一样，因而符合企业战略发展的人力资源管理所采用的方式方法也必然是不一样的。

战略性人力资源管理具有难以模仿性和不可替代性。在知识经济条件下，传统的竞争优势来源（如资金、土地等）已不再以稀缺的、不可模仿的方式为企业创造价值。

企业战略性人力资源管理以企业远景和使命为切入点，将战略管理和人力资源管理有机结合。对于竞争对手而言，企业独特的远景和使命是不可能被模仿的，即便能够模仿，成本也必定是高昂的。同时，人力资源由于价值创造过程具有路径依赖和因果关系模糊的特征，在员工认知态度及工作氛围等方面竞争对手难以察觉和模仿，从而成为企业持久竞争优势的重要依靠。

（二）协同性

协同性基于契合性特征之上，正是各项人力资源实践活动间的匹配才使得人力资源管理能够获取协同效应，主要是指组织内部人力资源管理各项实践活动协同发挥作用，共同服务于某一特定目标的组合模式。主要有两种表现形式：一是强调所有人力资源管理的具体实践活动的系统性和均衡性，二是强调某一项或某几项核心实践活动的作用并使其他实践活动支持核心活动。

（三）目标性

从战略性人力资源管理的定义可知，战略性人力资源管理通过组织建构，将人力资源管理置于组织经营战略系统，将人力资源管理的各项活动与组织竞争战略相结合，提升企业人力资源管理的地位，协助组织获取竞争优势，达成组织目标，促进组织绩效最大化。由此可见，战略性人力资源管理的另一个特征就是目标性。

但是战略性人力资源管理的目标性与普通人力资源管理的目标性不同，其目标性具有两个显著特点：一是战略性人力资源管理方式下的目标更强调雇员的个人目标与企业战略结合在一起。其目标性不仅在于组织的绩效，还在于个人的绩效与目标。二是战略性人力资源管理的目标更注重长期性、整体性。普通人力资源管理虽然也强调其目标性，但战略性人力资源管理更关注决定企业命运的与人有关的战略性因素，其目标体现战略性。

（四）战略性

人力资源管理战略和企业战略紧密结合是战略性人力资源管理的核心概念，战略性是它的本质特征。这主要体现在四个方面：在战略指导思想上，突出以“人”为本的管理理念，人力资源是企业最重要的资源，可以为企业赢得持久竞争优势；在战略目标上，战略性人力资源管理是为了“获得持续性竞争优势”，强调个人目标和组织目标的一致性；在战略范围上，战略性人力资源管理是“全员参与”的民主管理；在战略措施上，战略性人力资源管理是运用“系统化科学和人文艺术”的权变管理。

（五）契合性

战略契合，又可以称为战略匹配，是战略性人力资源管理的关键，战略性人力资源管理就是要通过战略整合来实现人力资源实践活动与企业战略的动态匹配，以及各项人力资源政策、职能活动之间的动态匹配。

（六）灵活性

战略性人力资源管理的产生与发展，既适应了全球竞争环境的急剧变化，又顺应了“以人为中心”的21世纪管理潮流。当今企业面临着复杂和动态的环境，需要企业以灵活性来适应不断变化的需求。企业的战略是不断变化的，那么就要求与企业战略匹配的战略性人力资源管理具有一定的灵活性。战略性人力资源管理的灵活性，就是指企业人力资源管理能帮助企业有效、及时地适应外部和内部环境。

三、战略性人力资源管理与企业竞争优势的关系

战略性人力资源管理以企业战略为导向，直接面对企业的竞争环境，是为企业竞争而服务的。其结合了人本主义思想理念，对知识工作者管理和服务，对员工工作动力的激发，对企业人力资源效率的提升，更具时代的适应性。

战略性人力资源管理与企业竞争优势的关系如下：

（一）战略性人力资源管理与聚焦优势的关系

企业聚焦优势是围绕特定顾客群体满足他们的需求，提供个性化的服务。聚焦优势不

但能够为特定客户群体提供更具针对性的产品或服务，而且还会因为聚焦客户需求形成小的“规模效应”，在某种程度上节约成本。

获得聚焦优势需要对特定顾客需求的产品或服务进行研发的投入，需要在服务品质上超越竞争对手。这就要求战略人力资源管理在专业研发人员和服务人员的队伍建设、核心能力提升、员工激励等方面采取措施，确保服务好能够带来80%利益的20%的优质客户，实现利用聚焦优势。

（二）战略性人力资源管理与成本优势的关系

企业成本优势是以更低的成本向顾客提供同等或更优质量的产品或服务。企业成本与人力资源最直接相关的就是人工成本，在劳动密集型企业中往往是成本的主要组成部分，它是由人力资源管理招聘、甄选、培训、报酬、福利、激励等各项活动产生的费用组成，涵盖了人力资源配置、开发、评价和激励四大核心职能。

围绕企业战略定位，企业可以通过采取削减人工成本的措施，产生成本领先优势。在保留核心人才待遇的同时优化非核心人员成本，与企业核心能力建设并不矛盾，反而对核心人才也是一定意义上的激励。

（三）战略性人力资源管理与增值优势的关系

增值优势更侧重于技术创新能力，尤其是在产品或服务的技术研发创新方面的能力，战略性人力资源管理可以在人力资源配置、开发、激励职能上对创新能力的建设发挥决定性作用，可以通过对专业技术人才的引进、培养、创新激励、保有等具体人力资源活动得以实现。企业具有核心竞争力的终极表现，要么拥有专业核心技术，要么拥有大量市场用户资源。围绕企业增值优势目标，建立起管理和服务专业技术人才的人力资源管理体系，为企业提升技术核心能力提供组织保障，是具有战略性的。服务型企业也如此。

（四）战略性人力资源管理与速度优势的关系

企业速度优势是指企业比竞争对手更能及时地满足顾客的需求。速度优势更侧重于组织创新能力、管理创新能力和业务流程再造能力等，这些能力可以通过在人力资源管理组织设计、工作设计、人员配置等基础工作上加以战略性设计而逐步获得。

影响企业速度优势还有一个重要因素，就是员工的积极心态，只有发自内心的认同，才能确保在及时性上不会出现偏差。员工的积极心态须通过对战略性人力资源管理系统的认同而获得，因为员工会认为良好的战略性人力资源管理系统是企业有前途的具体表现。

（五）战略性人力资源管理与机动优势的关系

企业的机动优势是指能够使企业更快地适应市场的变化。要想获得机动优势，在组织创新、管理创新和企业流程再造时就应综合考虑，从体系建设上加以实现。同时，要注意复合型人才选用与开发，他们更适应企业机动优势，在人才的配置、开发、评价和激励核心职能上均需采取配套措施，保证其从数量和质量上满足企业的需求。

第二节　战略性人力资源管理的理论依据

一、早期激励理论

（一）X 理论和 Y 理论

麦格雷戈是美国的心理学家和行为学家，他在 1960 年提出了对人的本性截然不同的两种观点，即著名的“X 理论”和“Y 理论”。这两种理论实际上涉及的就是人性的“善”与“恶”的问题，其内容就是假设人性有两类，即主要表现为消极的“X 理论”和主要表现为积极的“Y 理论”。

“X 理论”的主要内容就是“人性恶”，认为人基本上都是好逸恶劳的，不喜欢工作，只要有可能，他们就会逃避责任。建立在这一基础上的管理决策强调采用强制或惩罚措施，以强迫或胁迫的方式要求员工实现组织的目标。他认为泰罗的科学管理就是“X 理论”。“Y 理论”的主要内容与“X 理论”相反，认为“人性善”，人都是有责任感的，他们把工作看作与娱乐和休息一样正常。他们不仅具有正确决策的能力，还能够通过自我控制和对组织的承诺完成工作目标。建立在这一基础上的管理决策着眼于创造和提供一种良好的工作氛围，提倡让员工参与管理和决策，并为员工提供具有挑战性和责任感的工作。

麦格雷戈根据“Y 理论”提出了激励人的行为的具体措施：第一，通过分权和授权，把员工从传统组织方法过于紧密的束缚中解放出来，使下级能够主动地安排和支配自己的工作，并承担相应的责任，同时为人们满足自己的需要创造条件。第二，扩大工作范围，为下属提供有挑战性和责任感的工作，鼓励组织中底层的员工承担责任。第三，鼓励员工参与决策，提出工作建议，以便激励其为实现组织目标，进行创造性的劳动，建立良好的伙伴关系。麦格雷戈认为，在事关自己的问题上员工能够发表意见，就为他们实现社会和自我需要提供了重要机会。第四，鼓励员工对自己的贡献进行自我评价，使他们为组织目标的实现承担更大的责任，这样有助于其发挥才能，满足自我实现的需要。

基于上述理论可知，“X 理论”和“Y 理论”对于建立和完善组织的激励机制有重要启发：

第一，对组织成员的工作动机和工作态度要有一个客观的分析和认识。人性的“善”与“恶”都是一个相对的概念，无论是社会还是组织，都以“善”作为社会的规范和行为准则，绝大多数的社会或组织成员也都认可并遵循这些准则。但这并不是说“X 理论”就完全没有价值。因为在社会或组织中，虽然“善人”占多数，但“恶人”也存在。在每一个人的性格中，既有“善”的成分，也有“恶”的成分。对组织的管理者来讲，首先应该准确地识别员工，对于那些具有积极的工作动机和工作态度、有责任感的员工，就应按照“Y 理论”的思路为其创造施展才能的平台；而对于那些少数真正的“好逸恶劳”者，就应按照“X 理论”的思路对其不良行为进行约束和限制。

第二，通过制度建设和规范对“善”进行弘扬和对“恶”进行制约。对组织来讲，重要的是要将组织成员的行为引导到组织希望和提倡的方向上去，而引导的关键就是通过制度去规范和约束员工的行为。

第三，激励与约束、胡萝卜和大棒之间的关系。与“X 理论”和“Y 理论”相对应的就是组织激励和约束机制的建立。组织当然希望自己的员工都是好的，但组织不能把安全稳定运行和可持续发展建立在大家都是好人的基础上。因此，在建立激励机制的同时，还应以约束机制配套。

第四，与组织文化及管理特征之间的关系。关于对人性“善”“恶”的定位还会影响组织的管理方式。组织的价值观会制约一个管理者的涉及所有管理职能的决策选择。

（二）激励保健理论

激励保健理论的主要内容是通过对个人与工作关系的研究，发现那些能够真正激励人的因素。满意的对立面并不是不满意，不满意的对立面也不是满意。即使组织的管理者努力克服了这些与工作不满意有关的因素，也只能够带来工作的稳定和平和，不能够对员工产生激励。赫茨伯格将第二类因素称为工作因素，由于能够产生工作满意感，因而是真正的激励因素。

与其他心理学家的激励理论一样，赫茨伯格的激励保健理论在学术界也存在很大争议，在学术性文献中目前普遍接受的观点是，这些理论的特定预测未获得经验证据的支持。现在越来越多的学者和专家倾向于薪酬是重要的激励因素，经济学家大体上比心理学家更倾向于假定工资是一种较强的激励因素。而且在经济学家创建的模型中，在假定其他条件不变的条件下，工资是唯一的刺激物。在现实生活中，金钱的激励作用确实非常明显，当我们中的大多数人还在为按揭买房、买车甚至购买日用家电设备操心时，很难说工资或薪酬不是重要的激励手段。

尽管如此，这一理论对组织激励机制的建立仍然有着积极的意义：首先，该理论提出并总结了诸多可能影响工作效果和效率的因素，这为组织建立和完善科学合理的薪酬结构提供了解决问题的思路。其次，虽然工资或薪酬是重要的激励因素，但并非万能。高工资水平在吸引和留住员工方面的效果并不是万能的。因此，除了对薪酬的重视外，成就、赏识、富有挑战性的工作、晋升、责任、个人发展也应引起管理者足够的关注，并将其纳入组织整体的激励体系中。最后，这一理论对于工作和职务的丰富化起到了积极的推动作用，由于职务的丰富，员工们具有更大的自主权、责任感来管理和控制自己的工作，这不仅提高了员工对工作和组织的承诺，而且提高了工作效率。

二、基于心理学的激励理论

我们所接触到的激励理论大多出自心理学家之手，并不是说经济学家对此没有自己的见解，而是经济学家们的注意力大多集中于厂商层次的薪酬政策，如工资水平、工资结构、平均员工流动率等。而心理学的研究则大多集中在个体层次，如激励和相关的认知过程、个体的绩效差异等。二者在研究方法上也存在差异。心理学家更关注非薪酬类的激励来源，强调内在激励的重要性，倾向于将金钱视为“低阶”的激励因素或完全不把金钱视为激励因素。而经济学家在经验研究中，倾向于仅仅将金钱视为激励因素。本部分介绍的主要是心理学方面的内容。

（一）公平理论

公平理论主要内容是，人们通常会通过与他人所受待遇（如工资）的比较来评价自己所受待遇的公平性程度。如果比较的结果被认为是不公平的，那么这种不公平的感觉就会变成一种使人改变自己的思想和行为的动力，以获得自己认为比较公平的结果。

按照公平理论的观点，如果员工认为自己受到了不公平的对待，他会采用以下办法恢复公平：一是改变自己的投入或减少工作的努力程度，以使自己的投入和付出趋于公平；二是改变自己的产出，如增加产量但降低质量标准；三是向组织提出增加个人的所得以便与其投入相等，实现公平；四是通过辞职离开不公平的地方；五是拒绝同自己认为所获报酬过高的雇员共事或进行合作；六是选择另外一个比较对象，给自己一个台阶下。

无论采取以上哪种方式，都会对组织和个人产生消极的影响。因此，如何在组织中建立一种具有相对公平的工作环境，成为组织的领导者和管理者的一项重要任务。

公平理论对建立完善组织激励机制有着重要的意义，组织可以从中得到一些启示：

第一，公平从来就是一个相对的概念，应注意对员工公平心理的引导，树立正确的公平观。首先，组织成员必须明确这样一个基本原则，即社会公平与组织公平并不是同一个概念，不要把社会公平的概念应用到组织当中。组织公平感是在一个组织或单位内部人们对与个人利益有关的组织制度、政策和措施的公平感受；而社会公平感则是以不同的阶层、行业和职业等特征划分的人群的公平感。其次，社会公平往往受到法律法规的保护，而组织公平并不受法律保护。比如，“凡具有中华人民共和国国籍的适龄儿童、少年，不分性别、民族、种族、家庭财产状况、宗教信仰等，依法享有平等接受义务教育的权利，并履行接受义务教育的义务”。这就是一个典型的社会公平原则，并受到《中华人民共和国义务教育法》的保护。但在组织中，并不会让所有的组织成员都接受组织管理等方面的培训。那些接受培训的人，都是具有发展前途或能够为组织带来效率和效益的员工。最后，组织成员必须通过自己的努力，证明自己的能力，才能够获得组织的关注。

第二，员工在很大程度上是通过与他人得到的待遇相比较来评价自己的获得的，因此，在进行工资水平和工作结构决策时，需要考虑员工可能对工资进行三种比较：一种是外部比较，即对其他企业中从事同样工作的员工所获得的薪酬进行的比较；另一种是内部比较，即在同一企业内部不同工作之间对薪酬的比较；第三种是与同一企业内部从事同样工作的人进行内部比较。这三种比较的结果取决于员工的主观感受。不论管理者的感觉如何，员工的主观感受决定他们的工作态度和工作行为。因此，管理者不要试图简单地把自己的感觉强加给员工，而要寻求通过其他有效的方式，向员工证明什么样的比较才可能是全面的。当然，要做到这一点的前提是，组织的薪酬系统本身从总体上讲是比较公平的。

第三，组织中的人们由于所处的地位、获取的信息以及看问题的角度等方面的差异，对同一个问题的评价或结论也就不同。这与上一点所谈到的三种比较有内在的关联性。在现实生活中，固然有很多不公平的情况发生，给个人和组织都造成了伤害。但也有这样一种情况，即人们感到不公平，一个主要原因是与个人所持的公平标准有关。关于知觉的研究发现，人们都是根据自己看到和听到的信息在做判断，也就是说，可能还有很多人们没有看到和没有听到的。所谓知觉，是个体为了对他们所在的环境赋予意义而组织和解释感觉印象的过程。研究表明，虽然个体看到的是同样的客体，却会产生不同的认知。之所以如此，是因为许多因素在影响知觉的形成甚至使知觉失真，其中，对事实了解不完整是一个主要原因。在这种情况下，一件本身是比较公平的事，但由于当事人所处的具体环境，限制了其获取有效信息的数量和质量，就可能影响他的判断，并认为自己受到了不公平的待遇。而在一个组织中，就管理者和员工这两个角色而言，前者信息来源的真实性和全面性一般超过后者。因此，对于管理者来讲，必须掌握有关事实的全面的和真实的情况。比如，员工是否按时、按质、按量完成本职工作；员工的绩效指标，与工作、绩效指标有关的薪酬标准等方面的情况。当员工根据知觉做出的判断有误差时，管理者就可以根据掌握的事实向员工做出正确的说明或解释。这也就是前面强调的观点：通过寻求其他有效的方式，向员工证明什么样的比较才可能是全面的。

第四，建立改善组织公平的环境。组织的公平分为两个层面：一是组织公平的客观状态，人们在这一层面可以通过不断改善和发展各种制度、程序和规则来保证组织公平的实现；二是组织的公平感，即组织成员对公平的主观感受。目前，对组织公平感的研究也主要集中在两个方面：一是组织公平感的结构，即其主要构成和相互之间的关系；二是组织公平感的效果。根据现有的研究结果，组织公平感的结构主要包括三个公平，即结果公平、程序公平和互动公平。结果公平是指组织成员对分配结果的满意程度，这也是亚当斯公平理论侧重研究的问题。要达到结果公平，关键是组织要有严格规范的绩效评价体系，员工事先就充分了解与自己有关的绩效评价的数量和质量标准，以及与这些标准对应的薪酬分配原则。达到结果公平的另外一个重要条件是程序公平，即组织成员参与过程控制的程度。如果组织成员能够参与与自己有关的绩效目标的制定，公平感就会大大提高。专家们提出了保证程序公平的六条标准，即一致性规则、避免偏见规则、准确性规则、可修正规则、代表性规则和道德与伦理规则。互动公平是指组织的信息传递以及管理者对员工反映的回应。它又分为人际公平和信息公平，前者指减少评价误差，允许员工对评价结果提出质疑等；后者是指员工是否了解与自己工作有关的信息，以及对评价结果及时全面的信息反馈。可见，互动公平也会影响结果的公平。组织公平感的效果是指公平感与员工行为之间的关系，包括三个方面，即组织公平对员工绩效、集体意识和员工个人价值的影响。根据组织公平感研究的这些成果，要在组织中建立一个相对公平的环境和氛围，首先，必须在组织公平的客观状态上下功夫，即制定和完善有关的规章制度。其次，要尽可能地完善结果公平、程序公平和互动公平，包括让员工了解并参与绩效指标的制定、绩效实施过程中管理者对其下属工作的指导和帮助，以及在整个绩效实施过程中不断的绩效信息反馈，以提高组织成员的公平感受。最后，制定明确的绩效评定标准，同时，对管理者或部门负责人加强正确进行绩效评价的培训和教育，尽可能地减少评价者的误差。

（二）期望理论

期望理论的核心组成部分已经成为激励心理学标准语言的一部分，并且成为主要基于其他理论的经验性研究的一个基本组成部分。期望理论的主要观点是：人们之所以能够努力从事某项工作并达成工作目标，是因为这些工作和目标会帮助他们达成自己的目标，满足自己某方面的需要。期望理论提出在进行激励时要处理好三方面的关系，即努力工作与良好绩效的关系、良好绩效与奖励的关系、奖励与满足个人需要的关系。

第一，努力与绩效的关系。这一关系主要反映组织和个人目标的可实现性与人们努力的程度。如果经过努力，这些目标是可以实现的，那么人们的努力与最终的工作成效之间的关系就比较清晰和明确，这样促使人们努力工作就有了较为现实的基础。

第二，绩效与奖励的关系。第二层次的关系主要反映达到绩效目标后奖励的可实现性。也就是说，当组织成员经过努力达成工作目标后，自己原来所期望的奖励是否能够得到满足。如果能够得到满足，则努力工作的动力又会在原来的基础上大大增强。

第三，奖励与满足个人需要的关系。这一层次的关系主要决定于组织成员因努力工作获得的奖励在满足个人需要方面的程度。如果满足的程度越高，则组织成员的努力程度也可能越高。这一点似乎可以从马斯洛的需求层次理论中找到共同点。

期望理论三个方面的关系是一个环环相扣的价值链，可以这样来表述它们之间的关系：只要努力工作就可能取得好的绩效，取得好的绩效就可以得到组织的奖励，得到的奖励又可以满足自己的需要。了解这三个方面的关系有助于使组织的激励机制更加科学和合理。首先，组织应当告诉员工明确的工作目标和岗位责任，以及应达到的相应的绩效水平，这样员工的工作就有了明确的方向。其次，员工清楚或了解与不同的绩效水平相对应的奖励政策，这也是实现组织公平的重要内容。再次，组织的奖励一定要及时兑现，如果不兑现，价值链就会中断，员工就可能不再努力工作，甚至会使其失去对组织的承诺和信心。最后，要注意协调组织期望和个人期望之间、期望概率和实际概率之间的关系。虽然要达到组织期望和个人期望的完全一致不太可能，但应尽可能使二者之间的差异减至最低限度。要做到这一点，就需要协调和处理好组织利益和员工利益之间的关系。此外，期望概率和实际概率之间，实际概率一般应大于平均的个人期望概率，并能够使大多数人受益。

（三）强化理论

强化理论的一个基本观点是，人的行为受到外部环境的影响和制约，对一种行为肯定或否定的后果，在一定程度上会决定这种行为在今后是否会重复发生。当对一种行为进行肯定或奖励时，目的在于引导其重复发生，这种行为称为正强化；反之，当否定或惩罚一种行为时，目的在于杜绝其重复发生，称之为负强化。也就是说，外部环境要素可以改变一个人的行为。根据强化理论的观点，当人们因某种有效行为受到奖励时，他们重复这种行为的可能性就大大增加，行为与奖励之间的距离越短，奖励的效果就越好。而当一种对组织有利的行为没有受到奖励，人们重复这种行为的可能性就非常小。

强化理论对于建立完善组织的激励机制的意义主要有以下四个方面：

第一，对于组织来讲，建立一个完善的激励和约束机制非常重要。仅仅有正强化还不够，还要有负强化。正强化与负强化就如同激励和约束机制一样，是一个有机的整体，缺一不可。一方面，由于经过强化的行为趋向于重复发生，意味着科学的、正式的、合理的激励机制可以引导组织成员努力完成组织的目标；另一方面，通过负强化的警示作用，可以约束组织成员偏离组织目标的要求和行为，减少和降低风险。

第二，不同的强化对象应采用不同的强化类型。根据马斯洛的需求层次理论，人的需求具有不同的层次。不仅如此，不同的专业、工种、年龄、管理层次，其需求也表现出不同的特点。对于管理者来讲，需要了解和把握员工所处的需求层次，然后满足这种需要以达到激励的目的。以研发人员和销售人员为例，研发人员主要从事的是脑力劳动，劳动的成果往往需要较长的时间才能见到成效，因此，对他们的激励主要是以长期激励为主，包括较大比例的基薪以及研发成果产业化后的提成等。而对于销售人员来讲，由于其成果很容易量化，且在短期内可以见效，因此主要以短期激励为主，包括较低比例的基薪和较大比例的提成等。再以管理人员和非管理人员为例。管理人员的工作是一种综合性的工作，涉及组织战略的制定、组织管理、资源配置等重大决策行为，责任重大，具有非程序化决策、工作难以量化等特点。而非管理人员的工作大多属于程序化决策，责任相对较轻。因此，对管理人员的激励就比非管理人员复杂，激励的内容也较多，一般有较高的福利待遇以及股权、期权等长期激励手段。如《华为企业基本法》就明确规定：利用股权的安排，形成企业的中坚力量和保持对企业的有效控制，使企业可持续成长。对高级管理和资深专业人员与一般员工实行差别待遇，高级管理和资深专业人员除享受医疗保险外，还享受医疗保健等健康待遇。此外，年轻员工和老员工、主要在办公室工作的员工和主要在野外或建设工地工作的员工等，其激励的方式都有不同的特点。

第三，组织在做正强化时，不要一步到位，而要分阶段设立明确和具体的目标，每个阶段的目标完成后，再分别进行强化，这不仅有利于目标的实现，而且通过不断的激励可以增强其信心。如果正强化一步到位，而不考虑长远的激励效应，可能会适得其反。目前，很多企业对高层管理人员采取期权、股权激励，很大程度上就是基于这种考虑。

第四，要及时反馈，及时强化。强化理论认为，及时强化是非常重要的，无论是正强化还是负强化，最好的激励效果是在行为发生以后尽快强化。比如，当员工因表现出某种组织倡导的行为或取得组织期望的成绩而受到奖励时，他们最有可能在今后重复这些行为或成果，因为人总是希望看到自己在组织中的地位是稳固的，而且得到组织的奖励意味着自己人力资本的价值也得到了提升。

（四）成就需要理论

基于成就需要理论可知，在人的基本生理需要得到满足后，还有三种需要，具体如下：

第一，权力需要。所谓权力需要，是指人们希望管理和控制他人而不被他人管理和控制的欲望。该理论认为，权力是取得管理成功的基本要素之一，具有高权力需要的人通常愿意承担责任，并喜欢有竞争性的工作。

第二，归属或情谊需要。按照这一理论的观点，人们具有希望被他人喜欢和承认的愿望，而且作为管理者，在很多时候把情谊看得比权力更为重要。这种需要与马斯洛的需求层次理论也颇为相似。

第三，成就需要。具有高成就需要的人，愿意从事具有挑战性的工作，并追求完成工作以后的成就感。他们通常都追求完美，喜欢独立完成工作，特别是那种成功与失败机会均等的工作，更能激发他们的工作热情和工作动力。目标过高或过低，都不能够使他们产生满足感。如果是依靠他人的帮助或是偶然的机会完成工作，也不会产生成就感。具有高成就感的人还需要有明确的、及时的关于自己工作成就的信息反馈，以便使他们知道自己的工作成就是否已得到组织和他人的承认。这样才能促使他们继续努力，不断地取得新的成就。

首先，高成就需要者在能够独立负责、可以获得信息反馈和中度冒险的工作环境中工作，可以得到高度的激励并取得优秀的业绩。其次，在大型组织中，高成就需要者并不一定就是一个优秀的管理者；同样，在这类组织中，优秀的管理者也并不一定就是高成就需要者。再次，归属需要和权力需要与管理的成功密切相关。最优秀的管理者是那些权力需要很高但归属需要很低的人。最后，员工可以通过训练来激发他们的成就需要。

成就需要理论对激励管理的启示表现在：首先，组织的激励系统是一个有机的整体，既要考虑外在的经济激励，还需要考虑通过设计不同的工作环境以提升组织成员高效率完成工作的非经济激励要素，如挑战性的工作等。其次，组织要善于发现那些具有成就感的员工，并给他们分派富于挑战性的工作，创造他们需要的工作环境，并给予其自主处置工作的权利，如可以让这些员工独立负责临时性工作团队的工作。但也不要忘记，自主处置和独立负责并不是撒手不管，组织或管理者还需要了解和掌握事件的进展，这些员工也应知道随时报告工作进展情况对组织的意义和重要性。有效的双向沟通和理解在这个过程中是非常重要的。再次，具有成就感的员工希望得到组织的绩效反馈，因此组织的领导者和管理者应当定期或不定期地公布组织的业绩以及与这些员工有关的各种工作数据，以便使他们的成绩能够获得组织的认可，在可能的条件下，可以通过表扬、奖赏、加薪以及晋升等办法对他们的成就予以肯定。最后，要正确看待那些具有高权力归属感和成就感的员工，对权力的渴望并不是一件坏事，对成就的追求也是天经地义的事情，关键是如何引导和评价。彼得·德鲁克早就指出：管理层不应该任命一个将才智看得比品德更重要的人，因为这是不成熟的表现。管理层也不应该提拔害怕其手下强过自己的人，因为这是一种软弱的表现。管理层绝不应该将对自己的工作没有高标准的人放到管理岗位上，因为这样做会造成人们轻视工作，轻视管理者的能力。因此，正确看待和评价那些具有高成就感和高权力归属的员工，并在工作中正确地使用他们，是组织及其管理者的一项重要任务。

（五）对激励理论的评价

以上我们只是对一些主要的激励理论做了简要的介绍，还有其他一些理论，如目标设定理论、社会认知理论等，由于篇幅所限未做介绍。需要强调的是，这些理论之间的互补性很强，孤立地看待各个理论的做法是错误的。事实上许多理论观点都是相互补充的，只有将各种理论融会贯通，才会加深对如何激励个体的理解。比如，在期望理论与强化理论之间就存在这种互补的关系。期望理论认为，在努力工作、良好绩效、组织奖励之间存在内在联系，人们之所以能够努力从事某项工作并达成工作目标，是因为自身的利益也能够得到满足。得到了满足，今后还要继续努力工作，以得到更多、更大的满足。在这种理论中，组织的激励即正强化是关键要素，如果这种激励及时、得当，激励效果可能就好，员工今后工作的动力就大；反之，当建立在未来预期基础上的努力工作没有得到合理回报时，这种努力工作的动机就会大大削弱。

马斯洛的需求层次理论也认为需要根据人所处的层次满足其需求，这时的激励效果最佳。这一理论与期望理论和强化理论可以形成一个综合的激励模式，比如，期望理论从努力与绩效关系的角度，讨论了人们对目标的可实现性与努力程度之间的关系。而成就理论则把能够独立负责、可以获得信息反馈和中度冒险的工作环境看作达到高度激励并取得优秀业绩的基本要求。因此，实现这种“可实现性”并满足“中度冒险”的要求，激励的效果就好。

三、人力资本投资理论

舒尔茨人力资本理论的主要内容和贡献如下：

贡献一：传统经济理论的不足。传统经济理论未能解释清楚西方经济高速发展的一个重要原因，就是因为没有研究人力资本的使用以及由此带来的物质资本的增值。由于没有认识到人类通过向自身投资可以增加社会财富和推动社会经济的发展，当然也就不能解释经济发展动力的本质因素。人类的许多经济才能都是通过带有投资性质的活动逐步发展起来的。事实已经证明了这类人力方面的投资绝非微不足道，而恰恰相反，它们对于从根本上改变储蓄和资本形成总量的通常衡量方式具有重大的意义，而且还改变了工资、薪金及相对于财产收入而言的靠劳动所挣得的收入之数量构成。

贡献二：知识和技术是决定经济增长率的一个关键要素。发展中国家的经济起飞，仅仅依靠追加资本来购置物质生产要素是远远不够的，必须注重物质资本和人力资本的协调，如果人的能力没有与物质资本保持齐头并进，经济增长就会受到限制。同时，一国的人力资源水平对吸引外资也有较大影响。如果一个国家仅仅增加非人力资源而不注意增加人力资源，那么这个国家的资本吸收率也必然低下。

贡献三：论证了人力投资与企业家式的才能之间的关系。人的能力和素质才是决定贫富的关键。而这种能力依赖于教育投资，教育投资能够极大地有助于经济繁荣和增加穷人的福利。由于教育带来了人口质量的提高，因此，人力资本投资有助于提高劳动生产率，也有助于提高企业家式的才能。

贡献四：健康资本与健康投资。在人力资本理论体系的框架结构中，健康资本和健康投资同样是一个重要的概念。健康资本包括两部分，一部分是先天的，另一部分是后天提高教育投资等方式获得的。随着时间的流逝，健康资本的储备要逐渐贬值，而且越到生命的后期，贬值的速度就越快。人力资本的总投资就是指获得和维持这种资本所必须付出的成本，其中包括抚养子女、营养、衣服、住房、医疗保健和自我照管所需的费用。健康资本所提供的服务由"健康时间"后可以用来进行工作、消费以及闲暇活动的"无病时间"所组成。人力资本理论强调把每个人的健康状况都当作是一种资本的储备，即健康资本，并认为它要通过健康服务来发挥作用。

舒尔茨人力资本理论特别是关于教育提高人的能力和素质、物质资本和人力资本的协调发展、健康资本和健康投资等思想和观点，对组织建立激励机制具有重要的启发意义。比如，通过教育提高人的能力和素质，特别是终身教育延缓人力资本的老化，以应对高新技术的挑战。

在谈及人力资本概念的时候，有必要对人力资源与人力资本做一个简要的区分。人力资源与人力资本两个概念既有相同点，又有不同点。相同点主要表现为二者都把人作为价值创造的主体，强调通过对组织中人的作用来实现资本的增值和组织的目标。不同点表现为，人力资本概念比人力资源概念更加强调具有知识和技能的"合适的人"在价值创造过程中的重要作用。从这个意义上讲，人力资源管理是使人成为"资本"的一项基础工作，因为资源本身并不能创造价值，只有通过人的创造性的工作，通过掌握特定知识和技能的人的加工，资源才能被有效利用，资本也才能增值。

第三节　战略性人力资源管理与组织文化构建

一、组织文化的内涵

组织文化是组织成员为了适应外部环境，对内部进行整合一体化时，所发现的一套运作良好且有效、并被新成员认可的文化。组织文化中有些信念是内含的，有些则是暴露在外的。建立组织文化有利于员工了解组织，通过组织价值观规范指引自己的行为，并按照组织导向进行相应及时的反应，保障组织效能的实现。

从竞值角度，组织文化分为倾向于人力资源开发的团队文化、倾向于成长扩张的灵活文化、倾向于稳定团结的层级文化、倾向于产出最大化的市场文化四种。团队文化强调忠诚，鼓励大家积极参与，加强凝聚力，提倡在和谐友善的工作环境中，共同承担工作责任、共同分享工作上的成果，实现人力资源的长期发展。灵活文化强调动态和创造性，员工努力追寻其需求，并自愿承担风险，领导具有想象力、创新性、冒险性。层级文化注重过程，强调规章制度的重要性，具有稳定、可预见性和效率性的特点。市场文化以成果为导向，要求组织要加强竞争意识，重视生产、成果及利润，目标明确，战略具体，可以极大地提升企业生产力，提高经济效益。

从组织文化导向角度，组织文化可以划分为重视结果的组织文化和重视员工的组织文化。以结果为中心的文化中，目标明确具体，强调服从和管理，重视组织利益的最大化，对员工潜能关注较少。以员工为中心的文化中，以员工为中心，重视员工职业成长和价值增值，通过提供专业技能成长、职业规划及公平平等信任的工作环境，使员工挖掘潜能，实现组织目标。

二、组织文化与战略性人力资源两者的关系

战略性人力资源管理有利于组织文化的形成和贯彻。在人力资源的管理工作中，通过对员工进行严格的筛选，选择招聘认同本组织文化的员工；通过培训工作，使员工认同组织价值观和发展方向等，使员工内化于心，外化于行，将组织文化更好地贯彻和执行；战略性人力资源管理强调通过直接的薪酬奖励激励员工，通过定时将工作绩效反馈给员工，使员工更快更好地获取信息，认识自身的差距，认识组织文化，并有动力和意愿服从组织战略目标，促进组织目标实现。在企业的发展过程中，组织通过加强培训和组织交流学习的形式，使员工认识并认同组织文化，使员工能够自主学习组织中其他成员的做事方式，更好地实现组织效能。

一个适应企业发展的好的组织文化不仅仅可以使人力资源注重长远目标，重视人力资源的深层开发，重视激发员工的潜能，还能够促使员工关注自身的发展和差距，积极自主学习，提升自身技能和发展潜力。在现实工作中，通过与员工进行良好沟通、鼓励员工参与科室企业战略目标计划方案的制订，使得员工认识到自己的重要性，进而认同组织文化，更好地服务企业；在工作过程中，通过及时发现并强调企业所需要的工作能力、工作方法和工作目标，加深员工自身和对企业战略远景的认识，加强企业主导文化对员工的影响，使员工与组织之间建立起强联系强文化，有利于组织目标的贯彻与执行。

三、战略性人力资源管理对组织效能的影响作用

（一）对企业内部的影响

战略性人力资源管理不仅提高了企业管理的效率，同时降低了企业管理和运营的成本，为企业降低成本，提高效益提供了新的管理模式。合理的人力资源配置，使得员工的积极性得到提高，企业的工作效率提高，各部门相互协作，企业的综合竞争力得到了进一步的提升，从而加快企业实现战略目标的步伐，提高企业的组织效能。

战略性人力资源通过科学合理配置企业整体的人力资源，从而优化了企业的人力资源配置，企业员工之间能够相互协作，企业形成和谐的工作氛围，企业内部的各个部门之间，组织的各层级之间能够相互协调合作，从而提高企业整体的运转效率，提高企业的综合实力，企业所有部门、员工的协作加快了企业实现目标的速度，从而提高了企业的组织效能。战略性人力资源管理必须根据企业的发展目标及企业人力资源的特点进行合理配置，科学合理的配置，能够促进企业的快速正常运行和发展，提高企业各方面的能力，提高企业的竞争力，促进企业组织效能的提高。

（二）促进企业战略性人力资源的优化配置

战略性人力资源管理通过对企业员工的安排和规划，从而使得员工的配置能够加快企业的目标的实现，从而提供企业的组织效能。根据企业自身发展的目标及企业的自身特点，结合行业外部发展状况，从而调整和优化企业内部员工的职位，对企业的管理模式及企业的人力资源结构进行优化，降低企业在人力资源方面的负担，促进企业内部人员流动优化。

四、战略性人力资源管理对组织效能的影响及对企业的启示

第一，善用战略性人力资源管理对提升组织效能的积极作用。战略性人力资源管理能够提高企业的组织效能。因此，企业要及时对战略性人力资源管理进行调整，从而才能及时发现问题，更正问题，保证企业的战略性人力资源管理体系对企业的发展是有利的。比如企业可以定期向员工发放调查问卷，或者通过访谈等形式了解到战略性人力资源管理在实施中存在的问题，并积极寻找解决的方法，从而对战略性人力资源管理体系进行完善，从而促进组织效能。

第二，人力资源管理和其他管理的统一。企业的战略性人力资源管理的实施需要与其他部门相互协作，因此，在制定战略性人力资源管理体系时，可以让其他部门提出意见，从而根据各部门的职能和特点制定出合理的科学的战略性人力资源管理的方法。企业的管理者要提高对人力资源管理重要性的认识，同时，人力资源管理部门也要及时和积极地了解其他部门的意见和建议，及时让管理方法更好地实施，从而促进战略性人力资源管理体系的完善，提高组织效能。

第三，提升企业文化建设。企业文化体现了企业的责任和员工的素质养成，因此，企业要加强内部文化建设，培养员工合理的价值观，使得在企业文化的熏陶下，企业员工的价值观与企业的价值观一致，企业要重视员工价值观建设，通过有效的企业文化建设，强化企业承诺，不断促进员工提高对企业的认同感，从而在企业内部，形成良好的工作氛围，促进员工各项素质的提高，提高员工的忠诚度，从而提高组织效能。

战略性人力资源管理能够提高员工的积极性，促进各部门的相互协作，促进企业的快速运转，从而提高企业的综合竞争力，使得企业的效益最大化。而良好的组织效能体现了企业良好的管理效率，从而进一步促进企业的发展。在经济全球化，激烈的市场竞争中，企业要加快人才建设，尤其是战略性人力资源管理的实施，能够帮助企业提高竞争力，提高组织效能，促进企业的发展。企业要充分利用战略性人力资源管理对企业组织效能的促进作用，从各方面完善战略性人力资源管理体系，从而提高组织效能，提高企业的竞争力。

五、战略性人力资源管理中组织文化构建

随着员工文化程度和教育水平的提高，员工在择业中会更加关注职业环境、职业成长等，职业目标更清晰。此时，组织如果能够为员工提供优质的文化指引和积极的工作成长环境，形成组织和员工都认同的组织文化，就能增强员工对组织的信任，实现其对组织的忠诚和依附，激发其职业成长，减少员工从企业离职的可能性。组织文化与战略性人力资源管理如下：

（一）建立适应战略性人力资源发展的组织文化的重要性

第一，建立适应战略性人力资源发展的组织文化，建立良好的管理方式，形成优质的管理结构，构建良好的管理氛围，吸引外部资源，强化内部资源，在外部资源支持的基础上，促进组织结构完善，管理高效，提升企业的长期经营绩效。

第二，建立适应战略性人力资源发展的组织文化，能够实现组织制度规范化管理，实现高效率的组织运作，员工认识了解组织的功能，积极规范自己的行为，做他们应该做和被期望做的事情，按照组织明确的导向，反应迅速并解决遇到的问题，最大可能地使运营成本降低，促进企业的长远可持续发展。

第三，建立适应战略性人力资源发展的组织文化，能够促进人才积极自觉面向企业组织文化，并将企业组织文化内化于心，外化于行，助推个人绩效和企业发展。

第四，建立适应战略性人力资源发展的组织文化，建立起与企业目标、企业价值观具有一致性，并鼓励员工积极参与的组织文化，可以促使员工团结一致，加强组织的凝聚力，创造出更好的企业绩效，增加员工绩效，加速企业营收。

第五，建立适应战略性人力资源发展的组织文化，为员工提供学习发展成长的空间和机会，以员工个人成长为中心，满足员工个体需求，员工之间是一种信任、公平、相互支持、知识共享的工作环境，有效实现人力资源的价值增值。

（二）建立适应战略性人力资源发展的组织文化

1. 战略性人力资源发展的招聘

在战略性人力资源管理的过程中，不仅要重视企业所需要的核心层管理人员及专业技术人员的学历以及所学专业、工作资历、工作经验、工作态度等方面，同时，还要注重选择认同并与企业价值观匹配一致的、与组织文化相统一的新员工，并向员工公示告知相关管理规章制度，使员工了解企业的制度文化并自觉规范自己的行为，从而更快更好地融入组织、认同组织，促进其更快胜任工作，在工作中获得快乐兴趣，获得工作上的成就和满足感，增强其对工作职位的敬业和忠诚，进而推动工作效率。

2. 战略性人力资源发展的培训

人力资源管理通过对新老员工进行培训，使员工熟悉组织规范和活动惯例，了解并深入组织文化，增强对组织文化的感知和理解，更好地认同并参与组织文化，增强组织文化对员工及企业的影响力。通过在实践中强调组织授权以及团队协作的重要性，使员工逐渐形成高参与性的意识，形成积极向上的团队氛围。通过在对具有一定经验、从外部招聘的员工进行培训，在了解该员工原企业的组织文化及生产经验的基础上，吸收创新本企业的组织文化，稳定新员工，巩固增强原有职工对企业的理解和支持，形成灵活有序的文化氛围；通过广泛的员工培训，并组织员工进行交流，促进知识在员工中实现共享，带动共享学习气氛，提升员工能力，形成团队协作共享的学习氛围。

3. 战略性人力资源发展的薪酬及福利机制

良好可预期的薪酬增长机制是吸引员工的基础条件，完善的福利制度则能够加速高质量员工的入职，提升企业员工素质，形成公平有序和谐的组织文化。在经过外部调查，内部调研的基础上，建立在同区域同行业中、在企业内部员工间体现公平的、在企业外部具有竞争性、并进行动态调整的薪酬体系。薪酬实行定期增长制，在高价值员工中探索实施协议工资制度，允许提出加薪的申请，由高级管理人员根据其绩效表现、企业政策及收入等情况综合进行决断。在福利方面，为保障员工退休后的生活，在医疗护理方面进行细致安排、实施商业保险；此外，对于有子女的员工，建立完善的托育设施及教育安排，进行子女帮扶等；对其本人则给予继续教育学费方面的支持以及带薪休假等，吸引和保留高质量员工，鼓励员工创新提升知识及技能，促进企业快速发展。

4. 战略性人力资源发展的管理晋升机制

建立以员工为中心的组织管理机制，关注员工发展，将员工职业发展放在突出位置，为员工提供学习机会和发展机遇，提供知识资源和职业发展规划，保障员工职业生涯安全性，为员工的晋升提供通道。

建立公平的竞争环境，员工从中获得工作安全感、满足感，为员工的成长提供良好的环境。明确晋升标准，从个人绩效、资质学历、技术能力等方面进行考察判断，使员工对晋升有合理预期，保持对工作的热情并追求创新，增强对组织的信任，建立对组织的忠诚，从情感上更加认同组织，在行为上会更加主动积极改进自身知识技能，提升工作绩效，避免无效内耗。合理及畅通的晋升通道，使员工不仅有物质收益，还能满足其精神需求，进行自我内在驱动，增强对组织的信任和依赖，获得较高的内部地位感知，增强组织自尊，增加员工的职业满意度，员工的价值观也会趋同于组织价值观，形成公平的组织环境和积极向上的组织文化。

第四节 战略性人力资源管理机制创新

对战略性人力资源管理机制进行创新性研究，要明确战略性人力资源管理的中心思想。现在我国进入新时代，在这样的背景下各行各业都应当做到与时俱进，不断提升自我、顺应时代发展才能跟上时代的浪潮，向更加健康良性的方向不断发展，人力资源管理不仅是经济学专业需要了解的基本学科，也是各行各业中的各级管理者应了解的基本岗位职责以及必备技能，而战略性人力资源管理机制，往往决定了企业在这个行业中的基本定位以及是否能够在新时代背景下长期生存。

一、战略性人力资源管理体系打造

战略性人力资源管理并不仅仅只是一个抽象的概念，更是一个具体的、有机的、科学的管理体系，主要由战略人力资源管理理念、战略性人力资源规划、战略性人力资源管理核心职能，以及战略性人力资源管理平台这几个主要部分组合而成。

这一理念认为企业发展和员工综合素质的提升之间存在正相关的逻辑关系，企业管理组织通过一系列积极有效的手段来提升员工的综合素质和能力，从而为企业来增强其核心竞争力，实际上重视员工的综合能力首先一定要做到先重视人的本身，将人力提升到资本的层面，然后再通过投资人力资源来增加企业的核心竞争力，搭建适用于企业组织的战略性人力资源管理体系，把人力资源作为主要的资本要素来参与到价值分配中才是当代各行各业的管理人员以及领导者应当考虑的重要问题。

二、战略性人力资源管理的创新衡量标准

战略性人力资源管理是否做到了真的创新，有必要设置一定的衡量标准，重点关注以下五点：

（一）基础性工作的健全标准

战略性人力资源管理水准的创新需要设置一定的标准和门槛，企业在对人力资源管理的过程当中，是否能够做到健全基础工作，将定岗定编定员定额等一系列举措做到标准化、专业化，对于企业拥有完备的组织体系以及综合实力来说十分重要。各项规章制度是否健全，人力资源管理水平是否过硬，甚至关于相关信息的录入、存储及处理方式等各个环节的配套管理水准是否达标，都应当根据企业的现有状况来制定相应人力资源管理制度。

（二）组织系统的完善标准

一旦企业的组织系统处于相对完善的程度后，企业的总体运营水平往往能够达到质的飞跃。企业的人力资源战略管理子系统要做到足够明确，内外系统之间的配套性和协调性要做到基本统一，同时，运用相关的具体手段和适应的基本途径来保持企业组织做到顺利

运行。

顺利运作人力资源涉及的各个环节，做到从人力资源战略的制定再到实施、监督、反馈以及控制等多方位的机制得到有效实施，这一系列完备的组织系统是判断企业是否搭建了战略性人力资源管理系统的一个衡量标准。

（三）领导层的创新思维标准

只有不断提升创新思维才能在变化中立于不败之地，对于企业的领导和管理层来说亦是如此。领导观念的更新程度直接决定了一个企业未来的发展方向和发展趋势，能够做出正确的决策对其来讲无疑是一个巨大的利好，一旦领导方向正确，企业就会向一个更加广阔的领域去发展和壮大，而失败的决策往往会将企业推向深渊。

当企业的管理和领导层开始决定将战略性人力资源管理的创新思维在实际管理中具体应用时，不仅标志着这个企业正在走向成熟期，同时，也标志着企业迈向了另外一个全新的高度。企业组织的决策者和领导者能否具备创新型战略性人力资源管理的新概念，把人力资源管理部门拉高到决策层面，将人事经理视为直接的战略经营伙伴，将对企业的总体规划起到至关重要的作用。同样，一旦人事经理的角色被重新定位，就不再是单一的角色了，而当人事经理转变多重角色，参与到决策层面，就会为企业发起新一轮赋能，为企业注入新的活力，因此领导层能不能真的将创新思维应用到具体实践当中，往往影响着一个企业的总体发展以及是否能够在行业中屹立不倒。

（四）综合管理制度的创新标准

综合管理的创新程度往往决定了战略性人力资源管理是否能够真的做到创新。决策的成功与否往往在管理理念、组织结构、制度规范、管理模式以及管理方法等多个层面都有所体现，一个企业的综合管理制度是否有所更新、有所变化、有所发展往往直接决定了一个企业的未来发展。

（五）管理活动的精确标准

对企业来讲，管理活动的精确程度直接决定了创新型战略性人力资源管理措施能否具体落地。创新型战略性人力资源管理措施的可行性，主要还是要取决于企业的总体管理活动的准确性，对于人力资源管理精确程度的把控实际上可以通过多个角度去衡量，如人力资源规划的正确性以及可行性、重大人力资源管理决策的效率以及效果、甚至包括基础性管理的精细化程度以及管理评估的数量化和标准化程度等多方面的角度，以此来对人力资源的精准度进行把控，才能真正意义上实现提升企业的核心竞争力。

三、基于以人为本的战略性人力资源管理规划

战略性人力资源管理在创新的过程中，明确指出开发人力资源可为企业创造出更多价值。企业应当给企业的工作人员搭建一个更有利于其价值和长处发挥的相对的公平的环境，工作人员有充足的资源才能更加尽职尽责地来为企业创造效益，因此，企业一定要为基层人员配置充足的相关资源，让员工能够更加积极地完成分内的工作。同时，在提供相关资源的同时，还应当进行适当的放权，适当给予员工一定的权利，如此一来，不仅能够通过制定科学有效的激励机制来调动员工的积极性，同时，还能在对员工能力以及行为特征等方面进行更加明确的了解，适当激励可以激发员工的主观能动性，从而为企业创造更大的价值，促进其自身的核心竞争力。只有做到真正的以人为本，把员工的利益和企业的利益牢牢地捆绑在一起，才能做到实现人和战略之间的匹配。

人力资源规划的终极意义一定要随着管理学以及时代的变更而做出更加适应企业发展的演变形式。固有的传统人力资源规划管理中认为人力资源规划的目的是对人员流动进行动态预测和决策的过程，而在战略性人力资源管理的创新规划中，则更加侧重于对人力资源规划的度量这一层面，同时更加注重人力资源规划和其他统筹规划的一致性，借鉴了当代各行各业中的战略性人力资源的管理研究策略以及现实中践行的方法。在对内外部环境进行相对理性分析后，明确人力资源管理在当前的状况下所面临的挑战，同时，了解现有人力资源管理体系的不足之处，来制定出与企业未来发展相匹配的人力资源管理战略，并通过企业的每一位成员共同付之行动，采取一系列可行的办法，健全创新人力资源体系，从而建立起完整的人力资源战略系统，全面实现以人为本，实现战略性人力资源管理规划。

总之，只有坚持以人为本，将人力资源管理的总体规划和策略与企业的经营战略相结合，把人作为一种重要的资源摆在首位，植入管理决策中，才能实现企业的战略目标，从而做到战略性人力资源管理的创新。

第六章 人力资源管理的创新发展

知识经济时代，知识技能的不断更迭以及大数据技术、人工智能技术等高新技术的快速发展，加快了人力资源的更新迭代，推动人力资源的创新发展。基于此，本章对人力资源管理信息化建设、大数据技术与人力资源管理、人工智能提升人力资源管理进行论述。

第一节　人力资源管理信息化建设

“伴随我国企业人力资源管理模式逐渐向现代化、信息化转变，加强企业人力资源管理信息化建设十分必要。”[①] 近年来，伴随着新一轮科技革命和产业变革，企业信息化建设中，依托信息化建设体系，不断提升企业人力资源管理水平。以此，引领企业人力资源管理工作转型升级、促进数字经济与实体经济深度融合、为推动经济社会高质量发展提供人才支撑。

人力资源信息化建设是真正在新形势下创新企业人力资源管理的主要支撑手段，也是企业全新的管理理念。在依托现代化科技发展时，可将现代信息技术充分融入企业人力资源管理建设工作中，并达到资源共享、信息建设、信息传递的目的，真正发挥出企业人力资源信息化建设的各项优势，不断提高企业人力资源管理效果。

一、人力资源信息化管理的意义

① 张风. 企业人力资源管理信息化建设的创新途径探索［J］. 中国商论，2020（11）：83-84.

（一）提高人力资源管理效率

目前是全球化、市场化、信息化的社会，在新经济条件下，企业人力资源管理必然要发生相应的变化。因此，企业人力资源管理模式必须按照组织发展规划与社会发展趋势等各个因素，提升人力资源信息化管理的整体管理水平，充分认识到自身发展的需求与规划等，增强人力资源管理的信息化建设水平。保证工作人员能够正确认识到人力资源信息化管理建设的重要性与必要性，以此提高企业人力资源管理效率。

（二）优化现阶段人力资源管理流程

为充分发挥企业信息化建设的成效，可通过数据信息管理平台的建设实现数据共享，构建数据库以连接各个人才数据库，实现信息资源的整合，提高信息的有效利用率与统一化管理，利用数据库及时完善人力资源信息等，保证人力资源管理过程中信息的高效处理分析。在数据信息管理系统中可以高效查询员工信息，在局域网中可以运行管理系统程序，确保各个部门能够及时调取需要的人员信息，针对各个部门设置相应的管理权限与查询权限，以此不断优化目前企业人力资源管理流程。

（三）有效避免企业人力决策风险

在企业内部决策中，可有效发挥信息化技术优势，以全面的信息搜集、信息整合、信息分析等功能，帮助企业在人力资源配置上做出合理的决策，提供正确的价值参考。以此充分调动管理层、员工以及人力资源工作人员的主观能动性与创造性，为人力资源管理信息化建设奠定基础保障，也成为有效促进信息技术与企业人力资源社会保障工作深度融合的一项重要举措，为提升企业用工管理信息化水平，推动劳动关系的规范、便利、高效建立奠定了基础。

二、人力资源管理信息化的应用价值

人力资源管理过程中，互联网技术十分关键，而且可以介入实际业务。人力资源管理人员每日的工作都十分繁重，新增的信息化管理模式要远远优于传统人力资源管理方法。现代的人力资源管理信息化优势还有许多，而且不是局限于网络的便捷性与自动化。人力资源管理信息系统的价值主要体现如下：

第一，人力资源管理水平与效率有待加强。计算机网络与数据库，将会让人力资源管理变得更加合理有序，进而让人力资源管理的能力变强。传统的录用信息，统计相应的员工考勤、工资以及招聘等相关信息，大量占用人员的时间与精力，工作效率也会大受影响。而工作效率的降低，还会让人工失误出现，造成企业的直接经济损失。员工的自助服务与信息的共享等，都让人力资源管理变得格外方便便捷。

第二，人力资源管理的成本尽可能减少。人资部门弱化使用纸质产品，人力等信息不再进行纸质化，造成浪费。员工将会因此提高对企业人力资源管理的安全感。

第三，人力资源管理流程规定化。由于新劳动法的相关规定，让招聘流程逐渐规范化。另外，人力资源信息化系统，不能认为改变流程的严谨性，要让系统操作更加合法合规。

第四，企业内外部的联系让企业规模逐步变大，企业部门与员工间的关系可能会很紧张，此时沟通就显得格外重要。网络固然可以让全体职员畅通无阻，实现彼此的沟通与交流。更可以让人才、技术等互相共享，让市场竞争力大大提升。

三、人力资源管理观念与方式的变革

企业招人和人员求职方面的变化，以前企业可以通过猎头招聘、人力资源市场和行业推荐等多种方式进行挑选，而人员求职只有自己去找或是他人推荐的方式，显然，求职人员能够得到的信息是不全面的，渠道也是有限的，企业占据了更多的主动权，企业有用与不用的自由，可求职者很多时候只能被动接受。但是在网络经济发展的业态下，人们的沟通工具、信息交流方式都极大地丰富了，优秀的人才会很容易被各家企业所发现，他可以自由选择适合自己的企业，变为占据主动的一方，变化可见一斑。

传统的人事管理与员工的关系显得较为对立，员工对人事的印象多是扣工资、管考勤等行为，可现在网络经济对企业各部门的密切配合提出了更高的要求，大家都处于利益共同体之内，相互产生影响，这就需要企业在人力资源的管理方式上做出改变，让员工带来的效益产生质变，从而让人力资源管理活动充满活力，体现战略性和价值。

（一）管理成本压缩的竞争

网络经济下的企业经营活动，包括人力资源管理都被纳入市场竞争的范畴之内，行业企业间的竞争日益凸显出来，各项工作效率也就自然成为对比的要点。人力资源管理作为实现从人到效益的转变的工作，其效率和成本更是被视为重中之重，可在此情况下，仍有大量企业在人力资源管理工作上效率低下，也不曾采用新兴的人力资源管理工具帮助，对人力资源管理数据的分析运用有限，很快便会在激烈的竞争中败下阵来。

（二）人才激励和吸引机制的效果减弱

企业的人才激励与吸引机制包括基本的薪酬体系和各项福利政策是常见的内容。虽然互联网的发展已经很成熟，新的经济形态也渐趋稳定化，但很多企业对人力资源管理的重视程度还是不够的，除了较为大型的企业或者新兴的互联网企业将人力资源放在战略地位之外，我国市场上的中小企业多将人力资源放在次要地位，因而有关对人的激励措施大多停留在工作突出就发证书和奖金表扬的行为上，或者开设了大量的福利项目，可都不免讲究普遍性和公平性。比如，团体的旅游项目之类，缺乏灵活性，激励的作用有限，而这显然是与快速发展的网络经济业态不符的，也有企业发现了期权或者员工持股的激励性和在留住人才上的作用，但真正实施开来的也多是互联网科技企业，传统的行业依旧难以有效地实施，也有一些企业在网络经济的推动下进行了组织结构的改革，包括扁平化组织的设计等在内的优化，但带给企业的活力和人员的激励作用依旧有限。

四、人力资源管理信息化的工作形式

第一，电子化招聘。由于网络具有迅速、便捷、顺畅等种种好处，目前，已经成为炙手可热的人力资源讯息方法。电子化招聘的优点：①在招聘中能够更加宽泛，全面；②在招聘中，节省不必要的招聘成本；③招聘的形式比较灵活，能够将页面向全世界展示，甚至可以实现全天性的浏览，让招聘者能够随时发布信息，并让招聘方与应聘方实现全面的沟通与互动。

第二，电子化沟通。在互联网时代，企业需要让信息更广泛的推广，拥有更好的社会效应。在网络化的协商中，可以通过官方的微博、微信以及公众账号等进行信息的发布与宣传，并让电子化沟通更加有效果。企业需要将成本降到最低，让员工之间能够有更加良好的沟通方式，还可以将人力资源服务推广企业内部。

第三，电子化人事管理。在人力资源部门，很多的工作涉及行政事务工作。职员的基本信息通常也是放在文件柜中。电子化人事管理显然就是比较理想的搜索方法。将数据库与人力资源相互联系，进而实现报表分析的强大功能。

第四，电子化培训。电子化的培训指的就是通过网络，利用多媒体，实现全程交互式的培训方式。电子化培训让培训工作变得简单易行，将知识运用互联网，迅速准确地传递给员工。通过电子化的培训，能够让纸质媒介以及维护测评等活动在网上都可以解决①。实现真正的节能减排。而且，培训的灵活性，让员工不再拘泥于旧有的模式，合理安排时间，不再让他们出现冲突，而且网络课程开始更加多样化，教师开始运用更多的精力，将员工的潜能激发出来，让职员能够投入学习中。此外，培训、测评等活动，也让培训形式变得多姿多彩，而企业的学术氛围，也开始变得更加浓厚。

第五，员工自助服务。能够让员工顺利自由高效地进入员工的界面，让自己的个人页面能够随时被管理者察看，方便管理。可以将薪酬、培训及个人家庭情况等信息及时更新，进而加强培训，做好休假、培训等各类人力资源管理工作。

第六，电子化绩效管理。电子化绩效管理，通常有统筹规划的职能。人力资源管理部门管理人员，通常会直接做好绩效管理工作，通常情况下，以 e-HR 系统为媒介，可以让企业的经理和职员收到自己的具体任务。被考核人需要将自己的系统界面一目了然，进而完善自己的资料，尤其是绩效资料，最后更新后的资料可以直接交给上级领导，而在上交的过程中将会让审批更加简便，流程更加迅速。而数据也会更加真实有效，在这个过程中，绩效管理也会得到更好的保障。

五、人力资源信息化管理的有效途径

（一）改变原有的陈旧观念

首先，企业应转变传统的管理理念，应明确认识到企业人力资源建设的重要性，并依托信息化建设不断完善内部结构，以完善的知识能力体系重新审视自我，掌握现代化管理理念，并用于企业信息化建设管理中。其次，真正以企业长久发展为前提，明确人力资源信息化管理的目标。在合理利用信息化平台后，应利用互联网技术满足企业人力资源各项管理要求，并从制订规划开始不断细化具体的业务。

（二）实现管理流程规范化，信息化建设科学化

在企业信息化建设中，应促进管理流程规范化，并科学合理地推动企业信息化建设水平不断提升。企业在信息化建设中，应明确将信息化建设流程全面融入企业人力资源管理体系，并以此结合企业的实际情况，对现有制度进行完善。

---

① 叶文迪. 企业财务管理信息化建设进程中存在的问题及对策研究［J］. 中国市场，2014（06）：91-92.

（三）加强互联网技术的应用

在企业人力资源建设管理中，应真正加强互联网技术的应用水平。首先，企业人力资源管理体系在支撑企业的发展战略时，企业人员结构及企业对人力资源系统平台的建设应更加务实高效。应通过建设人力资源管理信息化系统，建立覆盖企业全员的信息系统数据平台，完成“一人一档”等各类统计分析，实现人员基础信息数据的便捷高效管理。其次，在企业信息化建设中，应利用互联网技术彻底改变传统的人工处理方式。通过人力资源信息系统实现数据的分析处理功能，例如，从传统 Excel 表的手工录入，到线上自动数据处理功能。不仅如此，通过人力资源管理信息系统建设与系统接口设置，促进企业实现人事数据与财务数据、OA 工作数据等平台数据对接，且通过 OA 系统单点登录自助完成组织管理、人员管理、薪酬管理等人事管理业务。在人力资源管理中，大数据技术可帮助企业发现更多的发展机遇，为了打造核心竞争力，企业可外包没有竞争优势的人力资源模块，充分发挥数据挖掘上的优化和创新。例如，企业可通过优势互补，把具备竞争优势的业务保留下来，把其他业务交给更加专业、具备成本优势的机构来完成。

（四）完善人力资源系统

在企业人力资源系统中，应通过全流程的线上管理制度，灵活匹配各个部门的不同需求，不仅提升了 HR 的工作效率，同时，也完善了企业内部的一体化建设需求。

在企业信息管理系统中，员工信息都记录在表格上。在职、离职人员需按照不同表格区分，员工的架构调整都需要手动录入表格，导致员工入、转、调、离的操作都很烦琐，信息更新的时效性较差。以此应合理利用信息化管理系统，自动采集员工的基础信息，企业员工的转正、调岗、离职等均可全流程在线操作。例如，在以往采用线下门禁打卡的方式，员工经常会出现排队打卡现象。从门禁提取员工考勤数据也很麻烦，而且无法设置复杂的考勤方案，增加了人工核算考勤的工作量。对此，可利用信息管理系统支持企业员工线上远程打卡的功能，摆脱排队打卡的问题，节约员工的时间。

信息管理系统可以帮助企业实现统一管理。一个平台即可查看全部企业或部门的人才数据，使各业务人员运营情况一目了然。同时，在不断完善人力资源信息化建设时，可利用信息化技术手段将企业所有组织纳入信息化管理平台中，并实现闭环管理效果。在探索企业人才管理流程监管时，可在信息化管理系统中实现动态预警，规避人才流失风险，提升人员岗位调动效率。要不断加强企业对人力资源管理的控制力度，建立规范、协同、共享的管理制度，以信息化建设提升企业人力资源工作效率、管理水平，让企业认识到信息化建设在人力资源管理中的重要意义及优势。

（五）加大培训力度，培养专业信息化管理人才

在企业人力资源管理信息化建设中，应对管理人员定期开展信息化技能培训，要不断强化培训力度，以此转变员工传统的管理思想，真正以信息化建设促进企业人力资源管理效能不断提升。在让员工适应新的管理系统时，应积极通过开展培训教育工作促进人力资源信息化系统的应用效果得到不断提升，让员工与管理层适应信息化管理带来的变化，并利用信息化功能实现人力资源管理结构的调整。

第一，在企业开展培训时，应明确培训的内容、培训的时间及企业管理人员的实际情况，在做好全面的准备工作后，应帮助管理人员在短期内掌握信息化建设的知识。

第二，在培训完毕后，应通过考核环节考察管理人员掌握信息化建设的能力，并依托当地具有丰富高校教学经验的教师对企业人力资源管理培训提出建议，合理提升培训力度，切实提升企业人力资源管理信息化建设水平。

总之，随着科学技术的不断发展和进步，信息技术将被广泛应用于人们工作和生活的方方面面。现代企业越来越注重人力资源管理工作的重要性，因此，在现代化企业发展中，应全面提高信息化建设水平。并依托互联网、云计算、大数据等新技术，全面实现人力资源管理与信息化技术的结合，真正发挥信息化建设的优势。不断增强人力资源管理人员的信息化建设观念和应用技能，加强与其他部门的信息沟通，加强部门间的协作能力，助力企业管理能力得到全面提升，有力促进企业实现高质量发展。

第二节 大数据技术与人力资源管理

一、大数据技术视域下的人力资源管理变革必要性

如今，企业面对的市场竞争日益激烈，企业如果想要获得较高的经济利益，实现企业的社会价值，在激烈的市场竞争占据优势地位，就必须强化企业的核心竞争力，提高企业的影响力，发挥企业的独特优势。人力资源管理的变革是企业实现快速发展的关键措施，在提高企业的竞争力上有着极大的作用。

在当前的大数据时代背景下，企业通过创新企业人力资源管理的模式，一方面，可以有序地组织开展各项业务工作，让企业的发展情况和市场经济的发展变化更加匹配。另一方面，企业还可以及时掌握客户的需求变化，实时调整产品生产计划和营销策略，使企业的产品可以受到更多消费者的喜爱，有利于企业扩大市场份额。此外，企业还可以及时了解员工状态和岗位现状，不断更新和完善企业的人力资源管理制度。

二、大数据技术视域下的人力资源管理应用

（一）人力资源统筹管理应用

大数据的分析报告则具备显性特点，因此，大数据可以让企业更好地开展统筹管理。企业人力资源管理的变革和创新主要是从成本控制、效率提升、生产安全，以及质量提升等几个方面开展。企业成本控制、生产监督、效率及质量把控、风险规避可通过数据整理以及分析得以实现。在人力资源管理制度应用大数据技术，可以为企业降低和规避人力资源管理中的隐患及风险，科学合理地减少工作中的失职现象，以及促使员工合作性和队伍团结性的提高，有利于企业实现既定战略规划发展目标。

（二）人才招聘和管理应用

企业人力资源管理工作中重要内容之一就是给企业引入高质量人才，科学有效的人才招聘工作，可以有效提高企业的核心竞争力和市场竞争力。随着大数据技术的发展，人们的信息交互更加便捷高效，这也让企业在人才招聘上有更多的途径。通过大数据进行人才的搜寻和雇用，企业的招聘成本大大降低。通过数据库的信息交互，企业和应聘者之间都能在极短时间内获取对自己有价值的信息，企业的招聘需求和员工的应聘需求都得到及时满足。企业也可以利用大数据技术建立一个庞大的人才库，通过分类来对各个企业的员工实现数据追踪，一旦该员工的就业状态发生改变，企业就可及时与其联系，及时得到与企业发展需求适配的员工。员工刚进入企业时，企业可以利用大数据技术建立追踪体系，及时记录每一位员工的工作表现。经过多年数据积累，企业通过细化分析每一位员工的相关信息，详细比对每位员工的性格、背景等，可以在适当时机给员工进行调岗，为每一位员工提供最合适的岗位信息。企业利用大数据在数据库进行人才挖掘和定位，可以为企业高效匹配人才，有效提升企业工作效率及降低企业运营成本。

（三）人才管理制度优化应用

在企业人力资源管理工作发展中，建设科学合理的人才晋升机制和人才考核机制有利于推进企业可持续发展，提升企业经济收益，规避企业发展风险。企业在人力资源管理中，利用大数据技术进行数据分析不断完善企业的人才管理制度，让人才管理更加合理，让职工感受到人性化的人力资源管理服务，促进企业规范化发展，提高企业行政效率。通过利用大数据技术，企业更加了解员工的诉求和工作表现，制定更加完善的激励机制和绩效考核机制，使每一位员工的每一分付出都得到回报，提高员工的积极性。同时，企业也可以建设一支更加稳定的人才队伍，促进企业核心竞争力的提升以及市场占有率的提升，让企业实现更好的发展前景。

（四）人力资源成本管理应用

人工登记和书面收集是传统人力资源工作中的常见方式，一来增加人力资源部门的工作量和工作时长，二来也增加了物料成本的消耗。如今，企业主要通过大数据软件收集整理人力资源数据，再进行分类和归档，这一方面减少了人工成本和时间成本，另一方面也降低了物料成本。基于企业可持续发展的战略目标，要不断将大数据应用于企业人力资源管理中，降低企业的运营成本，提升企业经济效益，同时，提高人力资源管理的效率。

三、大数据技术视域下的人力资源管理应用效果

（一）降低企业招聘成本

将大数据应用于企业的人力资源管理中，可以根据企业的需求来对数据库进行智能化的分析，并根据企业的需求从海量人才数据库中筛选匹配度高的人才数据，使人力成本和时间成本得到了明显的降低。由此可以看出，大数据在企业人力资源管理中的应用可以有效地降低企业招聘过程的时间和人力成本。

（二）提高企业人力资源信息的整合度和利用效果

企业在战略规划设计发展过程中，对人才的需求不是单一的而是具备多样性和复合性。在企业正常经营过程中，人才的流动也是不可避免的。人力资源信息涵盖了企业大部分的业务环节，包括企业运营、企业安全、企业服务和企业管理等方面。很多企业在管理

发展和业务发展过程中，通过诸多途径积累了大量高质量人力资源信息，这些信息以不同的形式散落于各种职能系统。人力资源管理中应用大数据，可以整合企业的人才信息，提高信息使用效率。此外，还可以科学考核、选拔培养、监督管理企业员工，完善行政事务。因此，从企业的长远规划发展来看，搭建完善的企业人力资源信息统计数据库，是企业人力资源管理在大数据背景下的发展关键，也是人力资源管理中应用大数据管理的主要原因。

（三）缓解部门矛盾

企业人力资源管理部门决定了企业的人事调动、职工任免、劳务分配、薪资福利、学习培训等，与其他业务部门的内部管理出现权责重复、业务共享的情况，如果人事部门与业务部门的沟通不畅，会导致企业部门之间的矛盾。应用大数据技术，企业人力资源管理部门可以将各种信息及时传送到有关部门，提高部门之间的沟通效率和沟通效果，部门矛盾得到一定程度的缓解。

（四）推动企业转型

人力资源管理是企业发展的重要组成部分，其管理方式、工作制度及管理效果在很大程度上决定了企业战略规划目标的实现程度。完善的人力资源管理体系是保证企业核心竞争力的关键。将大数据技术应用于企业人力资源管理工作中，能很好地推进企业的战略发展和创新转型。企业行政程序的优化也能在很大程度上提高行政事务的管理效率，促进企业的正常发展。

总之，人力资源管理是企业可持续发展的重要影响因素，在大数据时代背景下，变革和创新人力资源管理，是现阶段企业发展必须采取的改革手段。在人力资源管理中，使用大数据技术不仅可以有效减低企业的运营风险，实现企业利润的增长，还能提高人才队伍的素质，高效管理企业。

第三节　人工智能提升人力资源管理

人工智能是科学技术发展进步的重要产物，在社会各个行业领域得到广泛推广，并取得了良好的应用效果，具有广阔的发展空间和前景。尤其是在企业人力资源管理工作中的充分应用，人工智能体现出了极大的优势，实现了组织结构优化和人力资源管理创新，提高整体工作效率等，但是同时也具有一定的消极影响，如行业门槛提升、人员淘汰等，对社会和谐发展带来一定的负面影响。

人工智能是现代化科学技术发展的重要成果，结合人工智能技术的逐渐发展，以及其在各个行业领域应用中获得的实践效果，相关专家学者将其定义为："让计算机完成只有人类才能完成的工作，使机器具有人的行为能力和反应方式。"随着科学技术的迅速发展，人工智能技术渗透到了人类生产、生活、城市发展的方方面面，对于推动社会经济发展、优化人类发展服务具有重要作用。人工智能在企业人力资源管理的全面应用，对人力资源管理者带来了极大的挑战和机遇，在应用实践中可以发现，人工智能的应用对企业人力资源管理既有积极影响也有消极影响，企业要对其进行辩证认知，合理应用，并采取有效措施，依托人工智能技术，优化人力资源管理效率和质量，为企业长远发展输送更多的高素质人才支持。

一、人工智能对企业人力资源管理的积极影响

（一）提升人才培训工作效率

人才培训是企业人力资源管理的重要工作内容之一，人工智能技术在人才培训工作的融合应用，可以有效缓解这一难题，促进培训工作的合理性、适应性和针对性，最大限度提升企业人才效益，降低人才流失成本。在人工智能技术依托下，可以利用 VR 虚拟模拟技术，对真实的工作场景进行模拟，让员工在真实的工作场景中进行培训，切身感受企业文化氛围和工作氛围，营造更加生动、趣味、形象的培训氛围，吸引员工参与积极性，使其能够尽快适应企业岗位工作需求，提升培训效果；综合利用人工智能、互联网信息技术、大数据技术等，构建系统、完善的培训体系，确保培训内容、培训方式符合企业实际状况，确保与企业文化的契合度，保障培训科学性，优化培训成果。

人工智能可以和大数据技术联合应用，对每一位员工的性格、兴趣、专业、岗位等数据进行全面采集、整理和分析，以便结合实际情况，为其制订针对性和个性化的培训方案，提升人才培训登记精准性和高效性，深度挖掘员工的潜在价值，使其为企业提供更加优质的服务。

（二）优化人力资源管理效率

一般来说，企业人力资源管理工作流程存在一定的重复性，基本工作内容就是重复性

的筛选简历、人员面试等，工作量繁重且繁杂，人的精力有限，往往难以应付高强度的工作压力，容易发生工作纰漏，影响人力资源管理整体效率，最终会对企业的正常运转造成不利影响。通过对人工智能的充分应用，可以对高重复性的工作进行积极应对，有效解决当前企业人力资源管理效率不高的问题。

在人工智能技术背景下，可以结合具体的管理工作需要，设置专门化的智能程序，实现简历筛选的智能化和数字化，优化工作程序，提升工作效率，并强化简历筛选的精确性和针对性。当前企业人力资源管理中，企业需求与市场供给不匹配的现象，是影响人力资源管理效率的重要性因素，利用人工智能可以避免人员的主观因素影响人才引进质量和效果，可以为企业招聘更多高素质、专业化、符合企业发展需求的人才。人工智能在人才面试中的有效应用，突破了时间、空间的限制，可以结合面试人员的具体情况，为其提供个性化和针对性的面试服务，促进面试工作的结构化和有序性，减少人力资源管理者的工作量，节省大量的工作时间，方便把更多的精力放在战略性管理方面，深化人力资源管理层次，提升整体工作效率。

（三）完善薪酬制度

薪酬管理是企业人力资源管理的关键性内容，与企业各方人员的利益息息相关。一般情况下，企业利用员工绩效考核成果、工作满意度等指标，对薪酬制度的科学性与合理性进行判断评价。

为了进一步提升薪酬制度的合理性，需要先解决以下问题：

第一，企业内部人员结构较为复杂，相应的薪酬模式也体现出多样化和复杂性特点，对岗位薪酬制度的评价标准也各不相同，因此，在实际工作中，容易发生价值大小和职位本身不匹配的问题，影响企业内部和谐稳定。

第二，在传统的人力资源管理工作中，市场变化莫测，人力资源管理者难以对市场变化、行业薪酬水平等状态进行实时了解，不利于薪酬制度的合理性。基于此，可以综合利用人工智能中的大数据技术对相关市场变化信息进行实时采集、整理和分析，构建一套与市场相连接的、系统性的薪酬制度，并综合利用大数据技术，针对不同岗位的差异性，对相关的市场信息进行全面搜集，如同行业岗位薪酬水平、城市消费、就业水平等数据，并对其进行优化整理和分析，为制定更加科学合理的薪酬制度提供详细全面的数据依据，保障企业薪酬制度与市场统一性，对企业员工体现公平性，避免企业管理中出现同工不同酬的问题，促进人力资源管理效率，保障企业内部和谐稳定发展。

（四）创新人力资源管理模式

人工智能推动了第四次工业革命的到来与发展，促进了社会各个行业领域的创新与变革。人工智能在人力资源管理中的融合应用，促进了人力资源管理模式的创新与变革。

第一，转变了人力资源管理工作认知，把人力资源管理者从事务性工作中解放出来，可以把更多精力放在战略性工作上来，全面挖掘管理者的潜在价值，对其提供更多体现自我价值的机会和空间，不仅提高了工作效率，还促进其积极发挥主观能动性，优化对企业的服务质量。

第二，改变了企业领导层的思维模式，促使其持续不断地开阔视野，具备了长远的发展眼光，确保了企业未来发展规划的合理性和科学性。由此可见，人工智能的充分应用，进一步激发了人力资源管理者的创造性能力，并为企业发展决策指引方向，突出企业发展特色，并符合时代发展趋势，为企业可持续发展奠定基础。

二、人工智能时代企业人力资源管理优化策略

（一）注重人工智能应用的伦理价值

人工智能技术逐渐发展，并在各个领域得到广泛应用，人工智能应用的伦理问题日益凸显。在未来，随着人工智能在人力资源管理中的应用程度越来越深化，其所带来的伦理问题会让人们措手不及。所以，要对人工智能在人力资源管理应用中的伦理价值进行深度研究。不同的国家伦理规范存在很大的差异性，伦理基础也各有不同，然而全世界却具有共同的伦理规范，即尊重生命、尊重人的自主权。因此，在人工智能的具体应用中，要符合国家的法律法规，满足社会道德规范要求，并要结合社会的不断发展，对其伦理困境问题进行动态性讨论与研究。

（二）实现人力资源管理的数字化和专业化

人工智能的发展是社会时代发展的必然趋势，对全球范围的不同领域带来极大的变革。因此，要遵循时代发展的客观规律，对人工智能的发展和应用进行辩证认知，积极促进与企业人力资源管理的有效融合，推动人力资源实施管理的数字化。在未来的发展过程中，随着人工智能在人力资源管理中的全面融合与渗透，人力资源管理者会把更多的精力和时间放在战略性工作上，低端岗位逐渐被人工智能替代。基于此，企业对专业化、综合

性、高素质人才的需求越来越大，对低端人才需求逐渐减少，并在数字化人力资源管理系统的基础上，为企业指引更好的发展方向。由此可见，“人工智能+HR”是时代发展的必然需求，并不以人的意志为转移，因此，人力资源管理者需要结合时代发展需求，不断提升自身的专业化水平，构建专业化的人才团队，增强企业的核心竞争力，推动人力资源管理走向科技之路。

（三）培养专业人才，组建高素质人才团队

企业只有顺应时代发展需求，不断提升自身的核心竞争力，才能在未来激烈的市场竞争中占据一席之地；企业员工只有不断提升自身的核心竞争力，才能在激烈的人才竞争中脱颖而出。因此，企业员工要不断提升自身的综合素质，强化竞争优势；国家要结合时代发展趋势，构建更加完善的职业教育培训体系，强化职业教育培训，为社会、企业发展输送更多专业人才，提升就业率。

推行继续教育，提升市场适应力，深度挖掘其职场潜力；企业要注重优化工作条件，积极引进高技术人才，构建专业化人才团队。综合利用人工智能大数据技术，激发员工的创造性思维，强化其分析判断能力，树立终身学习意识，盘活企业内部资源，掌握最新知识和技能，促进企业人才队伍的专业化，强化企业核心竞争力。

参考文献

[1] 陈明红，张倩琳，韩静．信息管理与信息系统专业人才招聘需求分析及培养启示［J］．图书馆学研究，2021（20）：9-20.

[2] 丁展志．探究战略性人力资源管理在企业战略管理中的作用［J］．商展经济，2020（14）：84.

[3] 方振邦，杜义国．战略性人力资源管理［M］．第3版．北京：中国人民大学出版社，2020.

[4] 方振邦，徐东华．战略性人力资源管理［M］．北京：中国人民大学出版社，2015.

[5] 房伟．卓越员工职业生涯管理［M］．北京：北京工业大学出版社，2014.

[6] 黄建春．人力资源管理概论［M］．重庆：重庆大学出版社，2020.

[7] 李宝元．战略性激励现代企业人力资源管理精要［M］．北京：经济科学出版社，2002.

[8] 李玲．新员工胜任力提升路径分析——基于无边界职业生涯理论［J］．领导科学，2020（06）：80-82.

[9] 李宪印，杨博旭，姜丽萍，等．职业生涯早期员工的工作满意度、组织承诺与离职倾向关系研究［J］．中国软科学，2018（01）：163-170.

[10] 李燕萍，李乐，胡翔．数字化人力资源管理：整合框架与研究展望［J］．科技进步与对策，2021，38（23）：151-160.

[11] 凌淼，余璇，张芸子．人力资源管理强度对科技企业知识型员工创新绩效的影响［J］．科技进步与对策，2021，38（08）：153-160.

[12] 刘冰，李逢雨，朱乃馨．适应变化：柔性人力资源管理的内涵、机制与展望［J］．中国人力资源开发，2020，37（10）：91-108.

[13] 刘伟，刘国宁，中国职业经理人培训中心．人力资源［M］．北京：中国言实出版社，2005.

[14] 刘宗华，李燕萍．绿色人力资源管理对员工绿色创新行为的影响：绿色正念与绿色

自我效能感的作用［J］. 中国人力资源开发，2020，37（11）：75-88.

［15］年志远，王新乐. 国有企业员工招聘制度与解聘制度匹配性研究［J］. 财经问题研究，2018（05）：140-145.

［16］彭良平. 人力资源管理［M］. 武汉：湖北科学技术出版社有限公司，2021.

［17］戚妙. 基于层次分析法的员工绩效考核研究［J］. 合作经济与科技，2021（02）：108.

［18］孙鲲鹏，罗婷，肖星. 人才政策、研发人员招聘与企业创新［J］. 经济研究，2021，56（08）：143-159.

［19］孙瑜. 乡村振兴战略视野下农村人力资源开发模式探析［J］. 农业经济，2021（09）：74-76.

［20］王文军. 人力资源培训与开发［M］. 长春：吉林科学技术出版社，2020.

［21］王勇，蔡娟. 企业员工职业生涯韧性构念、影响因素及其提升策略［J］. 企业经济，2018，37（02）：120-124.

［22］魏丹霞，赵宜萱，赵曙明. 人力资本视角下的中国企业人力资源管理的未来发展趋势［J］. 管理学报，2021，18（02）：171-179.

［23］仵凤清，高林，董宇华. 知识型员工沉默行为对职业生涯成功的影响研究［J］. 科研管理，2018，39（08）：142-150.

［24］肖胜萍. 人力资源［M］. 北京：中国纺织出版社，2002.

［25］谢小云，左玉涵，胡琼晶. 数字化时代的人力资源管理：基于人与技术交互的视角［J］. 管理世界，2021，37（01）：13+200-216.

［26］杨伟国，韩轶之. “人工匹配”与社会化人才开发新机制［J］. 中国人力资源开发，2021，38（10）：78-90.

［27］叶一娇，何燕珍，朱宏，等. 柔性人力资源管理对组织技术创新的影响及作用机制研究［J］. 南开管理评论，2020，23（02）：191-202.

［28］张风. 企业人力资源管理信息化建设的创新途径探索［J］. 中国商论，2020（11）：83-84.

［29］张彦，李汉林. 治理视角下的组织工作环境：一个分析性框架［J］. 中国社会科学，2020（08）：87.

［30］张雁. 企业员工培训中的问题分析与创新路径［J］. 人才资源开发，2021（23）：89-90.

[31] 章凯，时金京. 人力资源开发的人格途径：理论基础与管理启示 [J]. 中国人力资源开发，2019，36（01）：152.

[32] 赵曙明，张敏，赵宜萱. 人力资源管理百年：演变与发展 [J]. 外国经济与管理，2019，41（12）：50-73.

[33] 赵宜萱，瞿皎姣. 员工职业生涯管理 [M]. 南京：南京大学出版社有限公司，2021.